처음 배우는 가죽공예
간단 소품에서 가방 만들기까지

Leather craft

오늘은 갖고 싶었던 가죽 클러치를 만들었다

신용준·박은정 지음

버튼북스

Contents

Prologue 핸드메이드의 기쁨 *p.004*

Basic

가방은 어떻게 만들어질까? *p.008*

가죽공예에 필요한 준비물 *p.010*

재료 알아보기 *p.012*

기본도구 사용법 *p.014*

story 월요일 신설동 *p.022*

Class 1
On the desk

story 공방 풍경 *p.026*

휴대용 펜꽂이 *p.028*   가죽 트레이 *p.032*   월포켓 *p.036*

Class 2
In my bag

story 바느질하는 시간 *p.042*

지퍼 파우치

p.044

명함 케이스

p.052

동전지갑

p.060

지퍼형 카드지갑

p.068

Class 3
My own bag

story 첫 번째 단품수업 *p.078*

핑크 클러치

p.080

심플 토트백

p.098

Epilogue 고마운 사람들 *p.110*

Prologue

핸드메이드의 기쁨

혼자 조용히 시간을 보내고 싶거나 무언가 집중할 곳이 필요할 때,
당신은 무슨 일을 하시나요?
저는 이럴 때 바느질을 합니다.
가방 디자인과 제작하는 법을 강의하는 게 제 직업이자 취미거든요.
완성된 가방의 모습이 어떨지 궁금해 새벽까지
시간 가는 줄 모르고 바느질을 하던 날들이 떠오르는군요.
물론 지금은 예전만큼 밤새워 바느질을 하지는 않지만
걱정이 있거나, 혼자만의 시간이 필요한 날이면
저는 바느질을 합니다.
한 땀 한 땀 완성되는 바늘땀과 함께 어느새 잡념은 사라지고
나만의 시간이 흐릅니다.

공방을 운영하면서 가장 많이 듣는 질문은 '손재주가 없는데
그래도 가방을 만들 수 있을까요?'예요. 대답은 '물론'입니다.
우리는 가방을 만들며 만드는 즐거움, 배우는 즐거움, 과정의 즐거움,
완성의 즐거움 등 다양한 즐거움을 누리게 된답니다.
반드시 '잘' 만들어야만 즐거움을 느낄 수 있는 건 아니에요.
그리고 무엇보다 중요한 건 무언가를 '만들고 싶다'는 욕구입니다.
그 욕구만 있다면 누구든지 자신만의 개성 있는 작품을 만들 수 있어요.

공방에 가죽공예를 배우러 오시는 분들은
내 손끝에서 탄생하는 결과물을 통해
만드는 즐거움과 창의적인 모습을 발견합니다.
새로운 나의 모습은 일상에 활력소가 되며 가족, 친구 등
주변의 사람들에게도 긍정적인 에너지를 전해주죠.

공방을 거쳐가셨던 많은 분들이 변화하는 모습을 보며
함께 뿌듯했던 순간들이 참 많아요.
그래서 저는 이 책을 통해 핸드메이드의 기쁨을 공방 밖의
보다 많은 분들께도 전하고 싶다는 생각을 했답니다.

당신도 오늘부터 만드는 즐거움을 느껴보세요.

지금보다 더
행복해지실 거예요.

Basic

가죽공예 기본기 익히기

가방 만드는 과정과 가죽의 종류,
필요한 준비물과 도구 사용법 등을
먼저 알아두기로 해요.
특히 기본도구 사용법을 잘 익혀두는 것이
매우 중요합니다.

가방은 어떻게 만들어질까?
Making a bag

핸드메이드 가방을 만드는 방법은 크게 핸드스티치와 머신스티치가 있어요.
이 책은 핸드스티치로 만드는 법을 알려드립니다.
핸드스티치는 집에서도 혼자 작업하실 수 있고 스티치를 하며
자신만의 시간을 가질 수 있다는 장점이 있어요.
지금부터 내가 원하는 가방을 만들기 위해 어떤 순서를 거치는지 친절하게 알려드릴게요.

1 원하는 가방의 디자인을 구상해요
창작을 원하시는 분들은 간단한 스케치를 통해 대충 어떤 느낌의 가방을 만들지 콘셉트 디자인을 하실 수 있어요. 모든 작업의 출발이기 때문에 가장 중요한 단계이기도 합니다.

2 패턴을 그려요
패턴이 있어야 가죽 재단이 가능해요. 패턴 작업은 이 책의 뒷부분에 같이 들어있는 패턴을 보고 만들어요.

3 재료의 종류와 컬러를 선택해요
패턴이 완성되면 원하는 가죽의 종류와 컬러, 그에 맞는 실과 에지코트, 부자재를 선택합니다.

4 가죽을 재단해요
패턴을 대고 가죽을 재단해요. 재단은 연습이 필요하며 시간이 지나면 자연스레 실력이 향상되니 조급해하지 마세요.

5 크리징을 해요
재단한 가죽은 크리징이란 단계를 거쳐요. 목타를 치기 위한 가이드라인을 그려주는 거라 생각하시면 돼요. 크리징용 인두기가 필요한 작업이라 이 책에 있는 작품에는 생략되어 있어요. 대신 목타를 칠 때 자를 사용하여 크리징 라인을 대체합니다.

6 본딩을 해요
가방을 만들려면 본드로 가죽을 붙여주는 작업이 필요해요. 뿐만 아니라 가죽 안감과 겉감 사이 필요한 보강재를 본딩 처리하는 중요한 작업도 있지요.

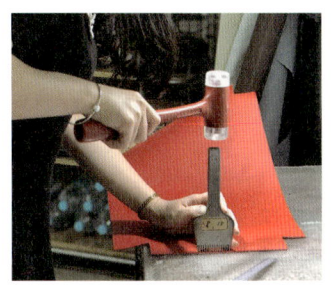

7 목타를 쳐요

이제 스티치를 위한 구멍을 내요. 목타라는 도구를 망치로 두드려 바늘구멍을 냅니다.

8 바느질을 해요

이 책은 유럽식 가방제작 공정으로 새들스티치를 기본으로 하고 있어요. 사람의 손을 통해 가지런히 드러나는 스티치는 기계의 깔끔함과는 다른 멋이 있어요.

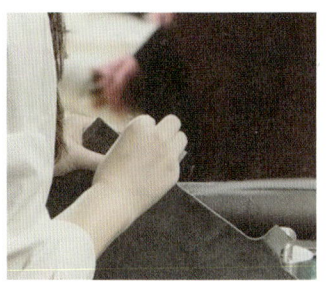

9 에지코트를 발라요

가죽을 예쁘게 마감하는 방법으로 에지코트라는 가죽용 마감재를 발라요. 컬러가 다양해서 에지코트만으로도 가방의 느낌이 달라 보이게 만드실 수 있으며 잘 바른 에지코트는 가방의 완성도도 올려주지요. 가죽에 묻지 않고 필요한 단면에만 고르게 바르는 건 연습이 필요합니다.

10 '나의 가방'이 완성돼요

열심히 작업하다 보면 어느새 처음부터 마지막까지 내 손을 거쳐 완성된 '나만의 가방'을 만나게 돼요.

가죽 공예에 필요한 준비물
Basic Tool

가죽공예를 위한 도구는 아주 다양하지만 집에서 혼자 책을 보며 작업할 수 있도록 꼭 필요한 도구들만 골라보았어요.

1 목타(그리프)

바느질을 하기 위해 가죽에 바늘구멍을 내는 도구로 목타, 치즐, 그리프, 프리킹 아이언 등 다양한 이름으로 불리웁니다. 날은 1날부터 30날까지 선택해서 구매할 수 있고, 호수도 작은 것부터 큰 것까지 원하는 땀의 크기에 따라 선택할 수 있어요. (호수가 커질수록 땀 사이즈가 작아요.) 이 책에 쓰인 목타는 유럽식 목타 8호(3.38mm)예요.

2 송곳

끝이 뾰족한 둥근 송곳과 작은 칼처럼 생긴 마름 송곳을 준비해주세요. 손으로 만드는 가죽가방 작업에 꼭 필요한 도구입니다. 두 송곳 다 사포에 문질러 날을 날카롭게 세워서 사용하는 것이 좋아요.

3 망치

망치의 머리는 무게감이 있고 우레탄이나 나무로 제작된 것을 사용하세요.

4 칼

이 책에 사용된 칼은 구두칼이라고 불리는 한 쪽만 연마된 일본식 칼로 가죽가방과 신발 등 가죽 제품을 제작할 때 많이 사용하는 칼이에요. 만약 구두칼이 없다면 날이 잘 드는 커터칼이나 30도 칼을 사용해도 됩니다.

5 바늘, 실, 비즈왁스

바늘: 존제임스 4호를 준비해주세요. 가죽용 바늘은 일반 바늘보다 끝이 무딥니다.
실: 532 리넨사(FIL AU CHINOIS, 프랑스)를 준비합니다. 실의 굵기에 따라 332에서 832까지 다양하게 선택할 수 있는데 번호가 클수록 실이 가늘어요. 이 책에서는 532 굵기의 실을 사용합니다.
비즈왁스: 바느질을 하면서 실이 쉽게 풀리거나 때가 타지 않도록 하는 용도로 사용해요.

6 자

15cm, 30cm, 60cm, 100cm 등 여러가지 사이즈의 쇠자가 있습니다. 이 책에 사용된 샘플들은 30cm 자가 있으면 충분히 제작 가능해요.

7 본드

가죽 제품을 제작할 때 사용하는 본드는 크게 유성본드와 수성본드가 있습니다. 유성본드는 보통 톨루엔 같은 석유 성분을 용제로 사용하기 때문에 냄새가 고약하고 몸에 좋지 않은 단점이 있어요. 이 책에서는 이태리 인터콤 사에서 만들어진 1816B 수성본드를 사용합니다. 수성본드는 냄새가 거의 없고 바르게 사용하면 건강을 해칠 염려가 적어요. 최근에는 국내에서 개발된 수성본드도 판매가 되고 있어요.

8 에지코트

단면을 마감하기 위해서 사용하는 에지코트는 아크릴과 우레탄 성분으로 이루어져 있습니다. 에지코트를 단면에 바르고 시간이 지나면 꾸덕하게 말라서 가죽의 모양대로 움직여도 잘 깨지지 않아요. 국내에서 많이 사용되는 에지코트는 페니체라는 이태리제와 국산 에지코트가 있습니다. 국내 제품도 품질에 많은 차이가 나는 것은 아니니 원하시는 것을 구매해서 사용하면 돼요.

9 펀치

목타를 제외하고 가죽에 구멍을 뚫는 도구를 대부분 펀치라고 부릅니다. 샘플에 사용되는 펀치는 2.5mm 사이즈의 원형 펀치와 스냅을 달기 위한 8mm 스냅툴이에요. 그리고 월포켓에 사용된 원형 펀치는 구매한 아일렛 크기에 맞추어 준비하면 됩니다. 심플 토트백에 사용된 리벳 공구는 8mm 짜리이며 종발은 다른 도구와 같이 사용하면 됩니다.

재료 알아보기
About Leather

이 책에서 사용하는 가죽의 종류는 무엇인지, 어디에서, 어떻게 구입할 수 있는지 간단하게 설명해드릴게요.

가죽은 가공방법에 따라 크게 베지터블 가죽과 크롬 가죽으로 나뉘어요.
흔히 통가죽이라고 불리는 가죽이 베지터블 가죽에 속하며
여성 의류나 가방 브랜드의 제품들에 쓰이는 다양한 색상의 가죽이 크롬가죽이에요.
베지터블 가죽이 천연 염료를 사용하여 크롬 가죽보다 친환경적이라고
알려져 있지만 환경 보호가 시대적 요구가 되면서 크롬 가죽도 천연 염료를
사용하는 등 친환경적인 방향으로 개발되고 있어요.

가죽 구매는 신설동이나 성수동 가죽 시장으로 가서 직접 구매하거나
인터넷 사이트에서 구매할 수도 있어요.
이 책에 가장 많이 사용되는 가죽은 엡송이라고 불리는 송아지 가죽이에요.
약간 단단한 성질의 가죽으로 적절한 두께로 피할되어 있으면
잘 늘어나지 않는 편이라 초보자도 쉽게 접근할 수 있어요.
두번째는 크리스페라는 염소(산양)가죽이에요.
크리스페는 크기가 작고 컬러가 다양해 소품에 활용하기 좋아요.

엡송
주로 송아지 가죽으로 만들어지며 고가의 명품백에 많이 쓰입니다. 하아스, 루, 바인하이머, 페링거, 듀퓌 등의 유럽 테너리에서 많이 생산됩니다.

크리스페
염소(산양)가죽입니다. 프랑스 테너리 렐마에서 판매되며 고가의 명품 브랜드의 내피나 소품에 많이 사용됩니다.

> **Tip 가죽의 단위**
> 한국에서 사용하는 가죽의 단위는 "평"으로 사방 30cm X 30cm의 크기 입니다. 평당으로 잘라서 파는 곳도 있지만 대부분의 가죽상에서는 가죽 한 장의 크기를 계산하여 장 단위로 판매합니다.
> 예: 소와 송아지 20~30평, 염소 4~5평

그 외 다양한 재료와 도구는 아래 소개한 구매처를 참고하세요.

재료 구매처
가죽 가방이나 소품을 위한 가죽과 가죽 도구의 판매처는
주로 신설동 인근에 퍼져 있어요.

추천 구매처	• **가죽**: 레더에펠, 꾸에로샵, 에쨰르레더, 미주교역, 황소피혁 • **특수피혁**: RK무역 • **도구와 실**: 다양상사, 만물상사, 생빠, 레더디 • **부속**: 동일금속, 영동금속, 하나로금속 • **지퍼**: 제일상사, YKK • **피할**: 신영피할 • **포니**: 소하나무
온라인 구매처	• **생빠** www.sympa.co.kr • **베르제 블랑샤르** www.vergez-blanchard.com • **다양상사** www.leathercrafttool.co.kr • **레더노리** www.leathernori.co.kr • **굿엔레더** www.goodnleather.com • **페니체몰** www.fenicemall.com

기본 도구 사용법
basic tool How to

기본적인 가죽 도구들의 사용법만 익힌다면
그리 어렵지 않게 가죽 소품들을 제작할 수 있어요.
하지만 익숙해지는 데는 시간이 걸리니 꼼꼼하게 읽어보고
자연스러워질 때까지 자투리 가죽으로 연습해주세요.

1 칼 잡기와 재단하기

재단은 구두칼과 커터칼, 디자인 칼 등 다양한 칼을 사용할 수 있는데 이 책에서는 구두칼 사용법을 배워봅시다. 구두칼은 왼손잡이와 오른손잡이에 따라 날의 방향이 다릅니다. 이 책은 오른손잡이용 칼을 기준으로 설명합니다.

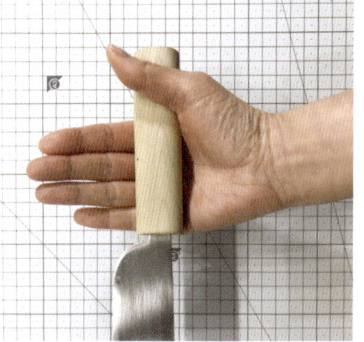
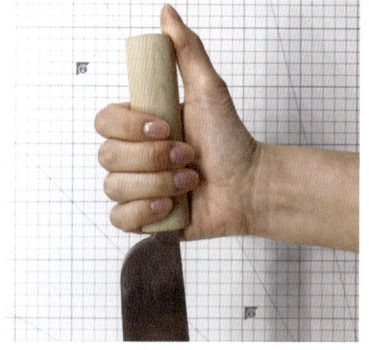

오른손잡이용 구두칼은 잡았을 때 안쪽으로 날이 서 있습니다. 먼저 칼의 날이 살아 있는 쪽을 안쪽으로 보이게 하여 나무 손잡이를 손바닥 중간에 위치시킨 후 손가락을 말아쥡니다.

칼의 뒤를 살짝 들어주고 재단할 곳에 칼을 놓습니다. 칼의 앞을 꾹 누른 다음 누르는 힘과 당기는 힘을 이용하여 가죽을 재단합니다. 패턴이 있을 때에는 패턴 가장자리에 칼을 대고 위에 설명한 방법으로 재단합니다. 이 때 패턴은 문진으로 누르거나, 마스킹 테이프로 고정시켜서 흔들리지 않도록 합니다. 가죽 재단은 생각보다 익숙해지는 데에 시간이 걸리므로 여러 번 반복해 익숙해지도록 합니다.

2 에지코트 바르기

에지코트는 재단한 가죽의 단면을 마감하는 물감입니다. 재단한 가죽은 단면이 그대로 드러나기 때문에 에지코트로 보기 좋게 마감합니다. 에지코트는 제조사마다 성분과 농도의 차이가 있기 때문에 조색을 할 경우 같은 제조사의 에지코트를 섞어 사용합니다. 에지코트를 바르는 도구로는 에지코트봉, 스펀지, 붓 등이 있는데 본인이 준비하기 쉽고 사용하기 편한 것을 사용하면 됩니다.

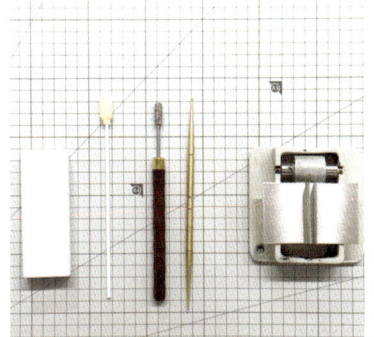 

에지코트는 **바르기 ➜ 충분히 말리기 ➜ 사포로 다듬기 ➜ 다시 바르기**의 순서로 진행합니다. 대부분의 경우 한 번의 바르기로 단면이 매끄럽게 마감되지 않습니다. 특히 가죽을 깔끔하게 재단하지 못한 경우, 또는 여러 겹의 가죽이 본딩으로 겹쳐진 경우 위의 과정을 여러 번 반복해야 합니다. "에지코트는 몇 번 발라야 하나요?"라고 물으시는 분들이 많은데 **3번 이상 바르기**를 추천하며 그 이후는 본인이 만족할 때까지 반복하시면 됩니다.

Tip 에지코트를 바를 때 재단면이 아닌 부분에 에지코트가 묻을 경우 바로 손이나 물티슈로 깨끗하게 닦아냅니다.

3 본드 칠하기

이 책에서 사용한 본드는 수용성 본드(인터콤 1816B)로 흰색의 묽은 액체입니다. 본드는 얇고 꼼꼼히 도포하는게 중요합니다. 먼저 본드판의 가장자리에 가죽을 놓습니다. 본드를 본드칠할 가죽에 짜내어 본드 헤라를 이용하여 가죽의 바깥쪽으로 펴바릅니다. 수용성 본드는 살짝 말려서 하얀색 본드가 투명해졌을 때 가죽을 붙입니다.

4 목타 치기

가죽 제품 제작 시 가장 중요한 것 중 하나가 목타를 쳐서 바느질할 구멍을 뚫는 것입니다. 한 손은 목타를 잡고 다른 손으로 우레탄 망치를 두드려 가죽에 구멍을 뚫게 되는데 망치로 잘 치는 것도 중요하지만 목타를 잡은 손이 흔들리거나 기울어지지 않도록 단단히 잡아주는 것이 매우 중요합니다. 바느질할 가죽은 어느 정도의 두께를 가지고 있기 때문에 목타가 기울어지거나 손이 밀리는 경우 가죽의 윗부분과 아랫부분의 구멍 위치가 비틀어지거나 아랫부분의 가죽이 찢어지는 경우도 생기게 됩니다.

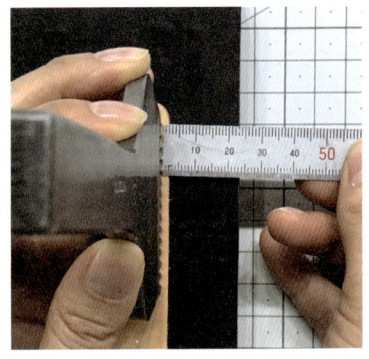

목타를 수직으로 잡고 목타 구멍의 시작점과 끝나는 점을 자로 약 2mm 띄워 맞춥니다.

우레탄 망치를 약간 길게 잡고 힘을 뺀 후 망치 머리의 무게로 목타를 내려칩니다.

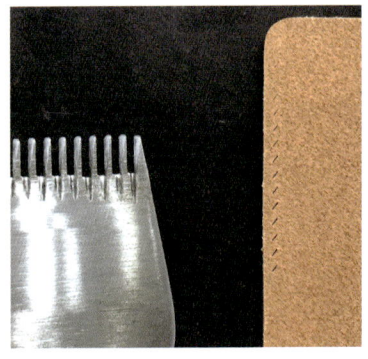

목타를 내려놓고 원하는 만큼 목타 구멍이 뚫렸는지 확인합니다.

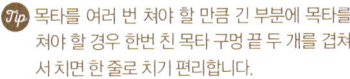 목타를 여러 번 쳐야 할 만큼 긴 부분에 목타를 쳐야 할 경우 한번 친 목타 구멍 끝 두 개를 겹쳐서 치면 한 줄로 치기 편리합니다.

5 바느질하기 (새들스티치)

바느질에는 여러가지 방법이 있는데 이 책에서는 새들스티치만 설명합니다. 새들스티치는 마구를 튼튼하게 바느질하기 위해서 사용된 방법입니다. 바늘 2개를 이용한 양손 바느질을 통해 한 땀 한 땀 실을 엮어갑니다. 그러다 보니 제품을 사용하다가 한 두 군데 실이 끊어지더라도 전체의 실은 잘 풀리지 않는 것이 새들스티치의 장점입니다.

왁스 바른 실을 준비합니다. 실의 길이는 바느질할 길이의 약 3.5~4배 정도가 적당합니다. 바느질할 길이가 짧으면 약 5배 정도로 더 길게 실을 잘라줍니다. 왁스는 너무 많이 바르면 실에 뭉치기 때문에 한 두 번만 쓱쓱 지나가듯이 바릅니다.

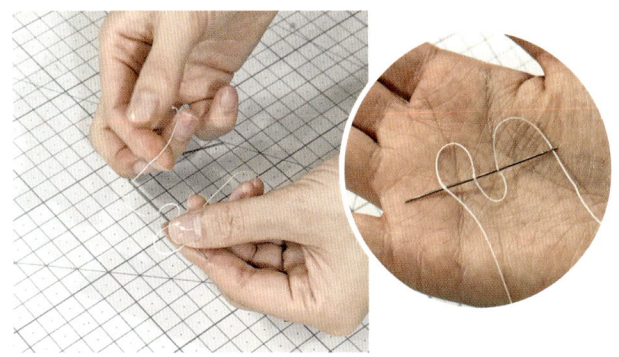

한쪽 바늘귀에 실을 꿴 다음 매듭을 만들기 위해 바늘로 실 가운데를 세 군데 정도 뚫고 지나갑니다.

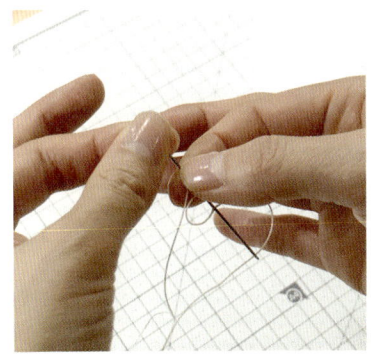

뚫고 지나온 실을 위에서부터 훑어 바늘 아래쪽으로 당겨 매듭을 만듭니다.

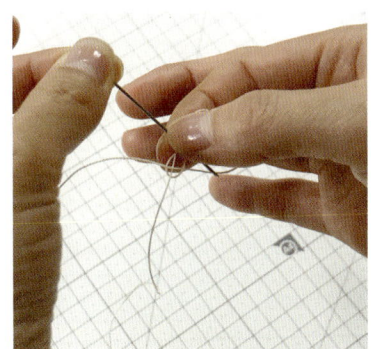

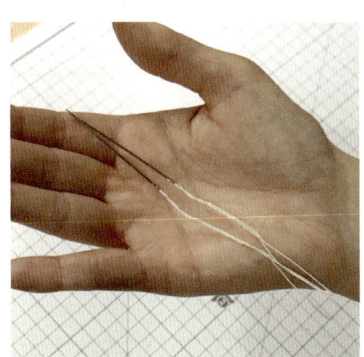

다른 쪽 바늘도 같은 방식으로 실을 꿰어 매듭을 만듭니다.

목타 구멍을 낸 면을 오른쪽으로 향하게 하여 클램프에 가죽을 고정합니다.

🅣🅟 클램프가 없다면 책상 위에 올려두고 해도 됩니다. 이때도 목타 친 단면을 오른쪽에 두고 바느질을 합니다.

첫 번째 목타구멍에 실을 펜 바늘 한 쪽을 통과시킵니다.

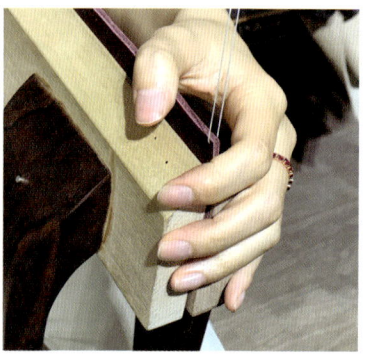

양쪽 실이 같은 길이가 되도록(1/2) 만들면 바느질할 준비가 끝납니다.

양 손에 바늘을 들고 바느질을 시작합니다. 왼쪽 바늘을 2번째 목타구멍에 꽂아서 오른쪽으로 보냅니다.

오른손 엄지와 검지에 잡고 있는 **바늘 위로** 왼쪽에서 꽂은 바늘을 십자모양으로 포개어 잡아당깁니다.

이 때 빠져나오는 실을 오른쪽 새끼손가락으로 감습니다. 비어있는 왼손 엄지와 검지는 왼쪽에서 오른쪽으로 통과 중인 실을 아래쪽으로 팽팽하게 당겨줍니다.

이제 오른손에는 엄지와 검지에 바늘이 십자 모양으로 두 개 들려있습니다. 원래 오른쪽에 가지고 있던 **십자 모양 밑에 바늘**을 왼쪽 바늘이 지나온 같은 구멍으로 찔러 넣습니다. 이 때 바늘이 실을 뚫고 지나가지 않도록 왼손 엄지, 검지와 오른손 새끼손가락으로 양쪽에서 남은 실을 바짝 당기고 있어야 합니다.

하나의 구멍을 통과한 바늘들을 손가락에 하나씩 쥐고 실을 당겨줍니다.

다시 왼쪽 바늘부터 다음 구멍으로 바늘을 넣어 위의 과정을 반복합니다.

목타 구멍의 마지막까지 바느질한 후 마지막 세 땀은 한 땀씩 다시 위로 바느질을 합니다. 위로 돌아가는 바느질의 방법도 동일합니다. 세 땀 올라가면 바느질을 마칩니다.

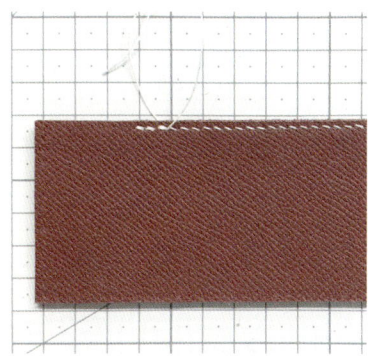

바느질을 끝내면 목타를 친 앞쪽은 사선, 뒤쪽은 일자 모양의 바느질이 완성됩니다.

앞, 뒤의 남은 실은 쪽가위를 이용해 짧게 잘라냅니다.

실을 잘라낸 자리에 송곳을 사용하여 목공본드를 살짝 묻혀 발라줍니다.

끝 :)
자! 이제 시작할 준비가 되었어요!

021

월요일
신설동

저는 거의 매주 월요일 오전이면 가는 곳이 있어요. 바로 신설동!!
가죽공예인이라면 모두 아는 그 곳!
신영피할에 들러 피할 맡긴 가죽을 기다리는 동안 저는 믹스커피를 마십니다.
가죽을 원하는 두께로 깎아내는 과정을 '피할'이라고 해요.
신설동이나 성수동에 있는 피할가게에 가서 원하는 두께를 말하면
사장님이 그 두께로 만들어주세요.

피할이 끝나면 일주일 치 수업용 재료를 준비하러 가죽상과 재료상들을
돌아다녀요. 신설동에서의 가죽이나 재료 쇼핑은 초보자들에게는 큰 도전이에요.
줄지은 부자재 가게들과 가죽상점들 중 어디를 들어가야 하는 걸까?
처음에는 낯선 동네여서 모르는 것 투성이에 겁이 나거나 길을 헤맬 수도 있겠지만
몇 번 다니시다 보면 금세 친숙한 동네가 될 거에요.

신설동의 가게들은 월요일부터 토요일까지 영업하는데
토요일의 경우 장이 서는 날이라 일찍 문을 닫는 가게들이 많아요.
토요일에 신설동을 방문하신다면 오전 일찍 가시는 걸 추천합니다.
쇼핑 후 장터에서 신기한 물건들을 보는 재미도 쏠쏠해요.

어쩌면 월요일 오전 신설동에 오시면
믹스커피를 홀짝이며 돌아다니는 저를 발견하실지도 모르겠네요.

가죽공예 초보자들은 대개 눈부신 부자재나 가죽을 마주하면 한껏 재료 욕심을 부린답니다.
조금만 정신을 놓으면 어느새 양손 가득 쇼핑 봉투를 들고 있을지도 몰라요.
신설동 쇼핑은 꼭! 옆에서 말려줄 친구와 함께 가세요.
재료는 가죽 컬러와 디자인에 맞춰 필요할 때 필요한 양만큼 구매하시는 게 좋습니다.

Class 1

On the desk

책상 위
가죽소품
만들기

아날로그 감성 가득한
펜꽂이와 트레이,
인테리어 소품으로도 근사한
월포켓을 만들어봐요.
쉽고 친절하게 알려드릴게요.

○ 공방 풍경

공방에서의 수업은 느긋한 손바느질과
(그 속에서도 나름 속도를 찾고 있다는게 함정이지만)
뚱땅거리는 망치질 소리를 들으며 아날로그 감성이 폭발하는 시간이에요.
모든 것이 빠르게 흘러가는 우리의 시간을 조금 느리게 잡아둘 수 있는 곳.
함께 공유할 수 있어 멋진 시간 속에서의 이 공간은 눈만 감아도 떠올릴 수 있어요.

공방에서 가장 많이 주고 받는 말은 "선생님, 저 실수했어요"와 "괜찮습니다~"예요.
손으로 하는 작업은 약간의 실수 정도는 복구 가능한 경우가 많답니다.
자칭 '실수의 아이콘'이라 부르는 수강생 YH님은 작업 중 실수를 자주 하세요.
처음엔 당황하다가 곧 마음을 가다듬고 수정하다 보면 종종 처음에 생각했던 디자인과
다른 결과물을 얻으시는 경우가 생겨 모두를 웃게 만들지요.
어찌됐든 그건 또 그 나름대로 멋진 작품이 되었으니……
냉탕과 온탕을 오가는 이 곳은 바로 가죽공방 스튜디오 옥토입니다.

휴대용 펜꽂이
Portable Pen holder

별도의 하드웨어나 지퍼를 달지 않고 간단하게 만들 수 있는 펜꽂이에요.
안경집 혹은 핸드폰 케이스, 여권 케이스 등
용도에 따라 크기를 변형하여 여러 가지로 활용할 수 있는 아이템이에요.

#가죽소품 #가죽펜꽂이 #가죽필통

샘플은 외피와 내피 모두 크리스페를 사용했어요.
크기가 소가죽보다 작아서 다양한 컬러로 매칭하여 사용 가능해요.

Preparation
컬러가 다른 0.8T 크리스페 0.5평 2장, 실, 에지코트

1
외피를 패턴과 같이 재단하고 내피는 약 5mm 크게 재단합니다.

2
외피와 내피의 전면에 본드를 바르고 붙입니다.

3
내피를 외피에 맞추어 깔끔하게 재단합니다.

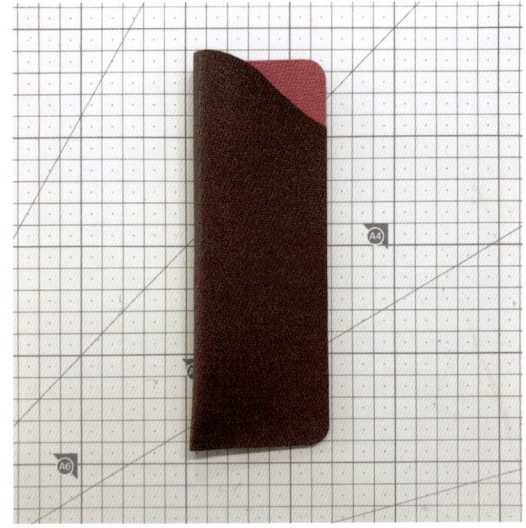

4
내피의 3면(ㄷ자)에 약 5mm 정도 본드를 바르고 충분히 말린 후 접어 붙입니다. (내피의 왼쪽 사선 꼭지점부터 펜으로 표시한 부분까지 펜꽂이의 윗라인은 본드를 칠하지 않습니다.)

5
가죽이 겹친 부위만 목타를 치고 바느질합니다.

Tip 포켓의 첫 땀은 목타 구멍 위로 송곳구멍을 하나 뚫고 바느질을 시작합니다. 바느질은 두바퀴를 돌리고 시작해야 튼튼합니다.

완성

첫 작품 완성까지 어렵지 않으셨나요?
마음에 들게 완성되었다면
크기를 달리해서 핸드폰 케이스나
안경 케이스로 도전해보는 건 어떨까요?

가죽 트레이
Leather Tray

스냅으로 연결된 가죽 트레이는 일상에서도 편리하게 비치하여 사용할 수 있고
스냅을 분리한 후 납작하게 만들어 여행용으로도 가지고 다니기에 편리합니다.
만들기가 간단하여 선물용으로도 애용되는 아이템이에요.

#휴대용-가죽트레이 #여행용-가죽트레이 #여행인싸

가죽 트레이는 비교적 부드러운 가죽을 추천드려요.
슈렁큰, 오플, 크리스페(염소가죽) 등의 가죽이 작업 후 사용하기 좋아요.

Tip 부드러운 가죽이라고 해도 스웨이드나 잠바지처럼 너무 흐느적거리는 가죽은 추천하지 않아요. 만들기 까다로워요.

Preparation
컬러가 다른 1T 크리스페 0.5평 2장, 10mm 스냅 4쌍, 실, 에지코트

1
패턴에 맞게 외피와 내피를 재단합니다.

2
외피와 내피 안쪽의 전면에 본드를 바릅니다.

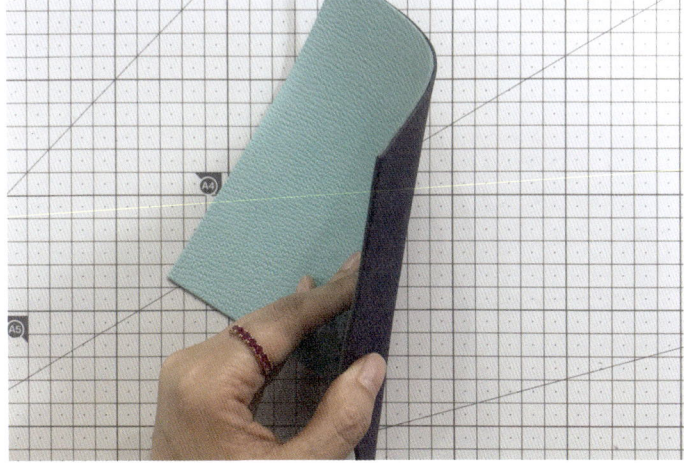

3
충분히 건조시킨 후 가죽을 붙입니다. 사이즈가 잘 맞지 않는 경우 칼로 외각을 매끈하게 정리합니다.

4
가죽의 가장자리에 목타를 칩니다.

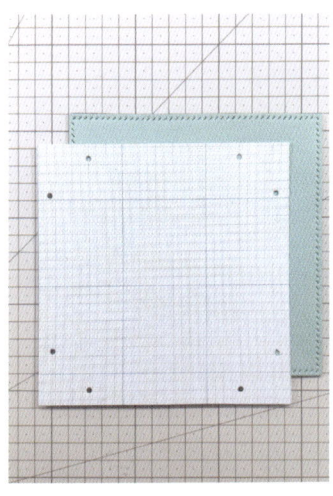

5
2.5mm 펀치로 패턴에 구멍을 먼저 뚫습니다. 구멍낸 패턴을 가죽 위에 올리고 펀치로 뚫습니다.

6
가장자리 부분을 모두 바느질한 후 단면에 에지코트를 바릅니다.

7
스냅을 답니다.

Tip 자세한 방법은 명함 케이스를 참고하세요.
p 055

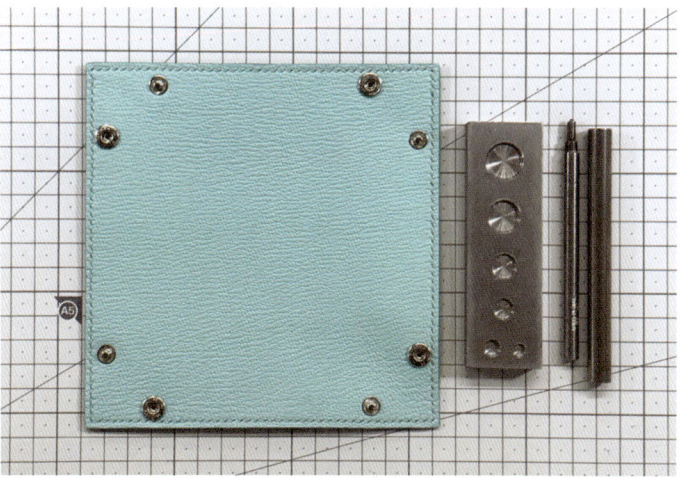

완성
어렵지 않게 완성하셨죠?
이제 이 가죽트레이는
여행의 필수품이 될 거예요.

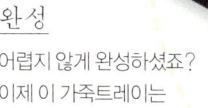

월포켓
Wall Pocket

가죽을 구매해서 물건을 만들고 나면 언제나 남는 가죽이 생겨요.
버려야 하나 놔둬야 하나 고민하게 되는 자투리 가죽들.
월포켓은 남은 가죽을 활용해 만들 수 있는 실용적인 인테리어 소품이랍니다.

#인테리어소품 #가죽인테리어 #가죽월포켓

가죽의 크기와 색깔 등은 남은 가죽에 맞춰 준비하시면 돼요.
가죽 월포켓으로 분위기 있는 인테리어를 완성해보세요.

Preparation
자투리 가죽(0.8T ~ 1.5T), 실, 아일렛 2개, 가죽끈

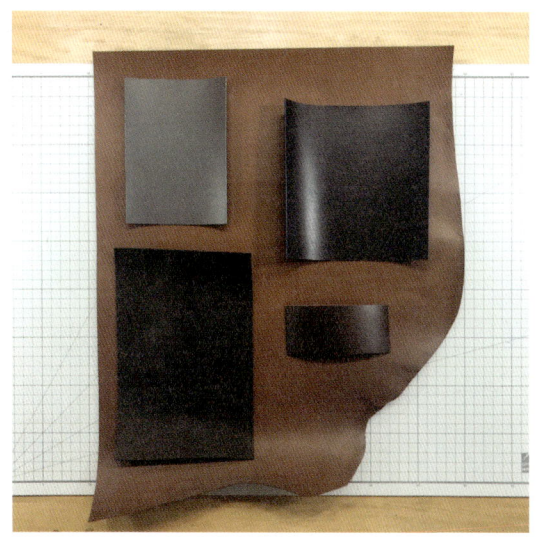

1

사각형의 포켓을 적당히 재단하여 원하는 위치에 배치합니다.

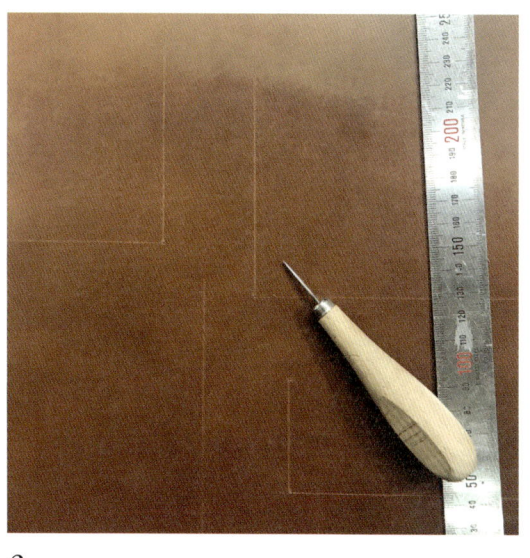

2

각 포켓의 윗라인을 제외한 3면을 송곳이나 은펜으로 표시합니다.

3

몸판에 표시된 송곳라인 안쪽으로 5mm정도 본드를 바릅니다. 포켓 가죽의 안쪽 3면도 본드를 바릅니다. (포켓 상단은 본드를 바르지 않도록 주의하세요.) 본드가 마르면 포켓을 몸판에 붙입니다.

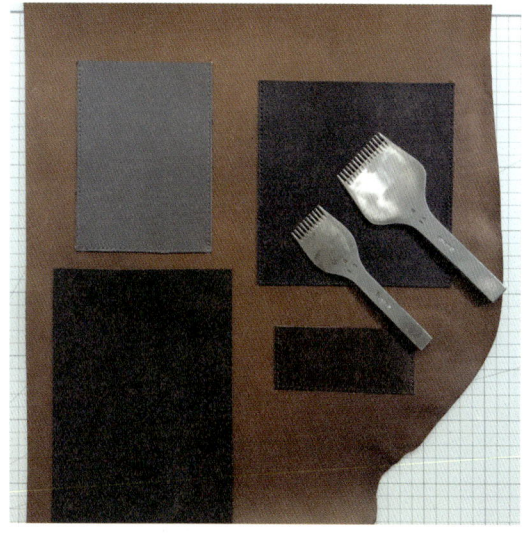

4

본드로 고정한 3면에 목타를 칩니다.

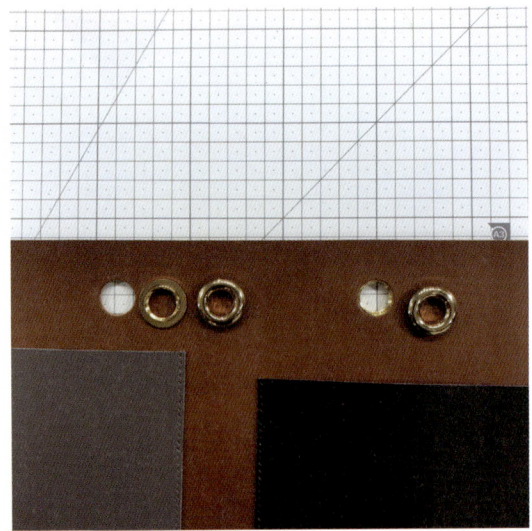

5
몸판 중심으로부터 양쪽으로 같은 위치에 아일렛 구멍의 위치를 정합니다. 아일렛의 크기에 맞는 펀치로 구멍을 뚫은 후 아일렛을 체결합니다.

Tip 아일렛 중 돌려서 끼울 수 있는 것을 준비하시면 다른 도구 없이 바로 사용하실 수 있어요.

6
바느질을 한 후 가죽 줄을 끼워서 마무리합니다.

Tip 포켓의 첫 땀은 포켓 가죽의 목타 구멍 위로 몸판에 송곳구멍을 하나 뚫고 바느질을 시작합니다. 포켓 바느질은 두바퀴를 돌리고 시작해야 튼튼합니다.

완 성
근사한 월포켓이 완성되었으니
어디에 걸지 고민해볼까요?

Class 2

In my bag

가방 속
가죽소품
만들기

가방 안에 항상 갖고 다니는
자그마한 가죽소품들은
과감하게 튀는 컬러를 사용하면 좋아요.
에지코트와 실도 스며들어 보이는 것보다
좀 더 튀는 컬러가 특색 있겠죠?

바느질하는 시간

어떤 사람이 물레를 짜는 것을 보고 시간을 엮는 작업이라고 하더군요.
그 말을 듣는 순간 저는 바느질이 떠올랐어요.
바느질을 하며 한 땀 한 땀 정성을 들이다 보면 분명히 아름다운 결과물을 얻을 수 있지요.

하지만 바느질이 늘 달콤한 즐거움만 주지는 않아요.
실에 쓸리고 바늘에 찔려 쓰라렸던 손가락의 기억,
한 땀이 튀어 한참을 바느질한 땀들을 풀 수밖에 없었던 짜증의 순간,
가방 옆판을 붙이느라 밤을 새며 바느질하던 그 열정의 시간들을 떠올리면……
그야말로 BTS의 '피, 땀, 눈물'이 BGM으로 어울리네요.

하지만 이런 시간들을 보내며 열심히 바느질을 하다 보면
어느새 세상 단 하나, 나만의 가방이 완성된답니다.
모든 가방에는 자연스레 스토리가 생기게 됩니다.
누구를 위한 가방인지, 가방의 어느 부분을 만들 때 즐겁고 힘이 들었는지……
오직 만든 사람만이 알 수 있는 작고 소중한 이야기들.

오랜 시간 바느질했던 그 시간을 떠올리는 순간.
작업을 하면서 보내는 모든 시간들이 의미 있게 기억되곤 합니다.

이 얼마나 멋진 일인가요.

지퍼 파우치
Zipper Pouch

지퍼 파우치는 지퍼의 위치에 따라 디자인이 바뀔 수 있어요.
지퍼를 상단에 다는 기본형 파우치는 심플하지만
파우치 입구가 넓게 열리기 때문에 활용도가 높은 장점이 있답니다.

#지퍼파우치 #납작파우치 #심플파우치 #가벼운옷차림필수템

휴대폰, 지갑, 간단한 메이크업 용품 수납이 가능하며
가벼운 옷차림에 함께하기 좋은 패션 아이템 이에요.

Preparation
1.3T 엡송 2평, 0.8T 가드용 MC 약간, 5호 지퍼, 4mm 양면테이프, 실, 에지코트

• MC : Motor Cycle Jacket, 부드러운 소가죽

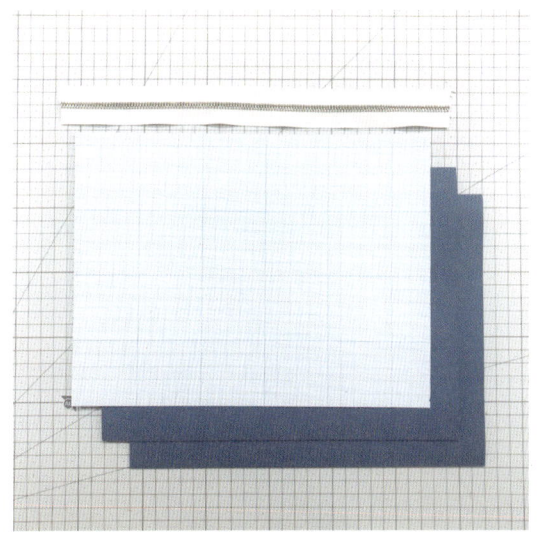 

1
패턴 사이즈로 가죽을 두 개 재단하고 가죽의 가로 사이즈보다 약 2cm 길게 지퍼를 준비합니다.

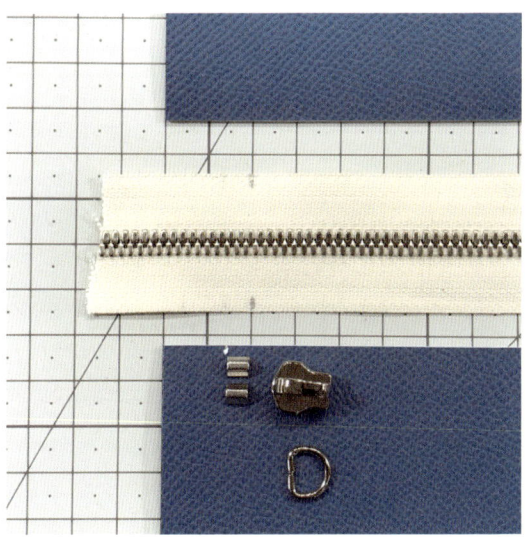 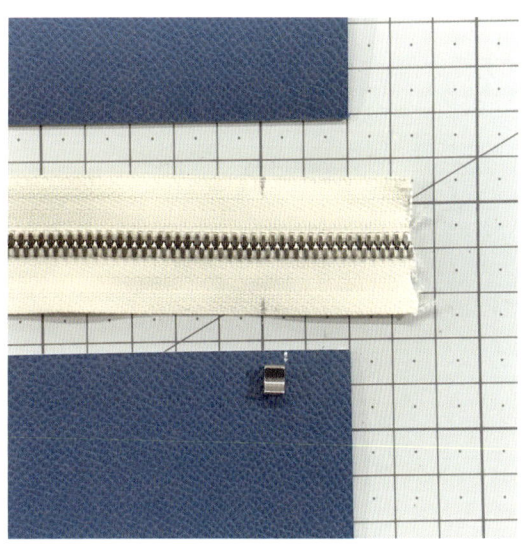

2
가죽의 양쪽 끝 1.5cm 정도에 은펜으로 표시하고 스토퍼가 들어갈 만큼 지퍼에도 표시합니다. (지퍼날을 제거할 위치입니다.)

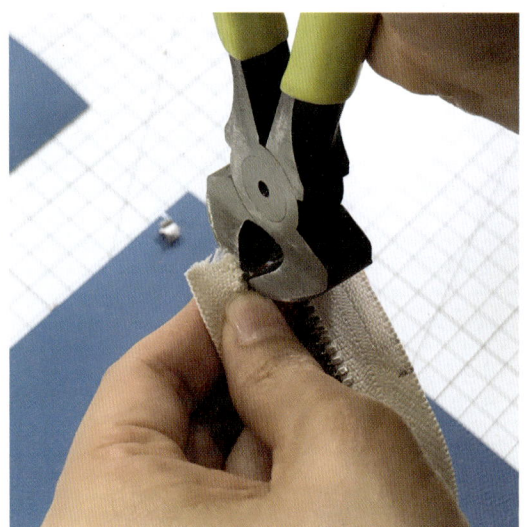
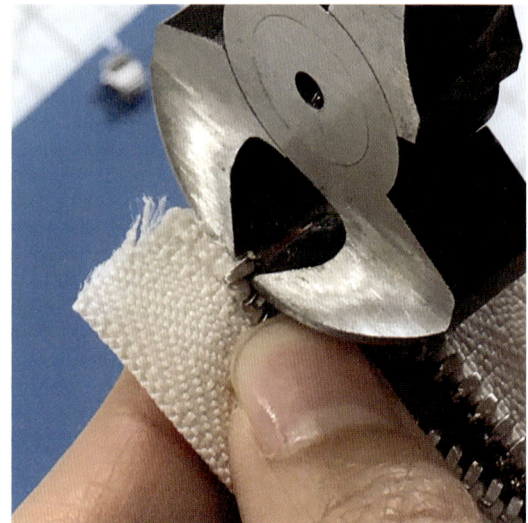

3
은펜으로 표시한 곳까지 지퍼날을 제거합니다. (방울펜치 사용)

> **Tip** 지퍼날을 제거할 때 레이스를 잘라내면 스토퍼를 고정하기 힘듭니다. 지퍼 레이스가 손상되었을 때 라이터를 이용하여 올이 더 이상 풀리지 않게 합니다.

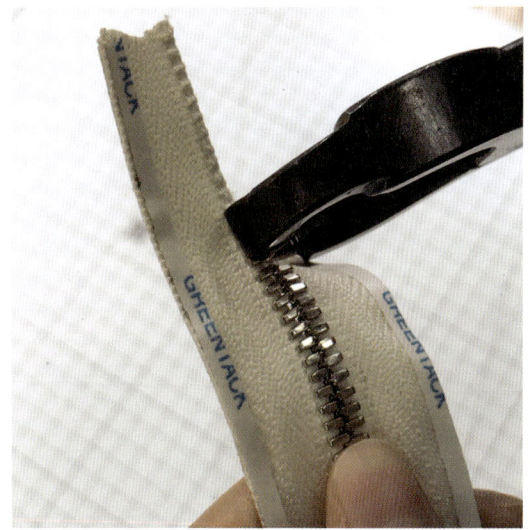
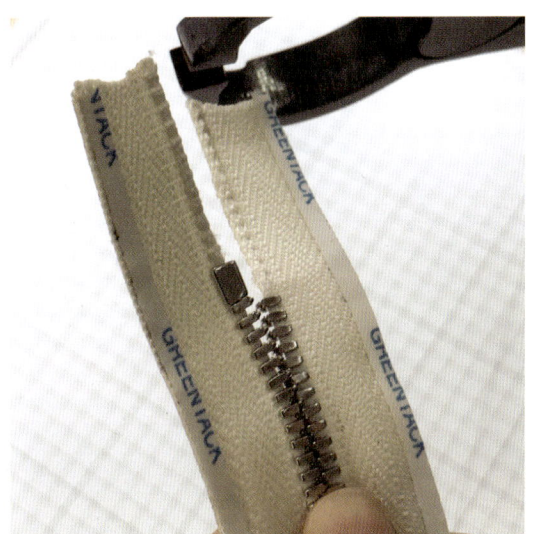
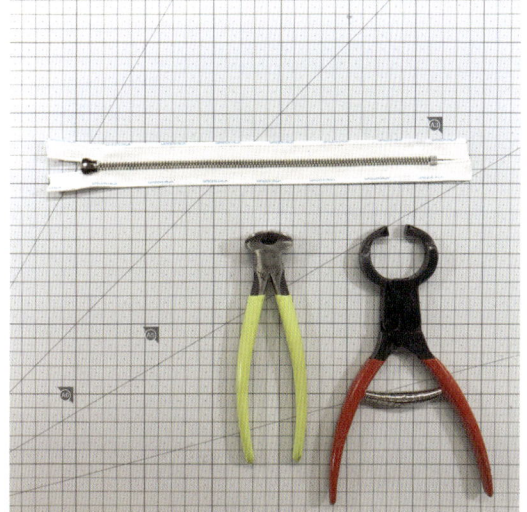

4

지퍼의 위와 아래 레이스 부분에 폭 4mm 정도의 양면테이프를 붙인다음 슬라이더를 밀어넣고 스토퍼로 고정합니다. 스토퍼를 고정할 도구가 없다면 스토퍼를 레이스에 걸고 망치로 두드려 고정합니다.

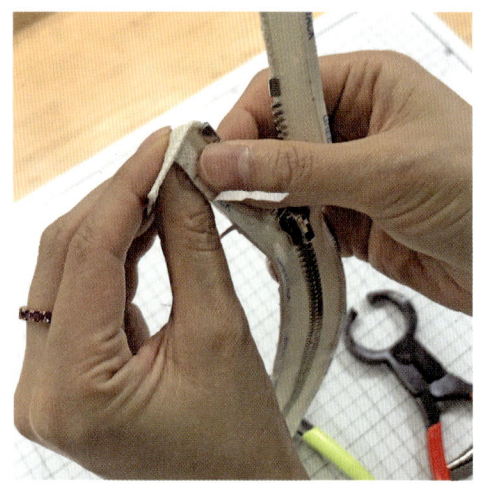

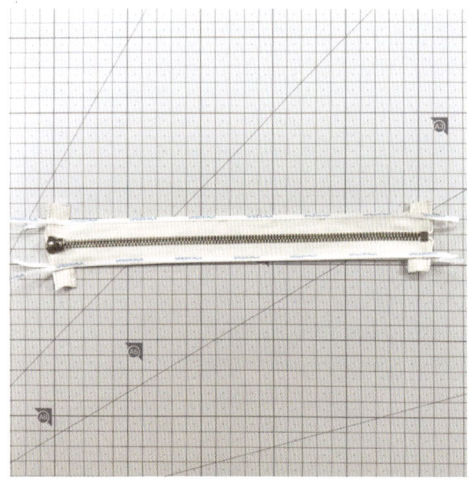

5
지퍼의 앞뒤에 붙인 양면테이프의 종이를 살짝 떼어낸 후 스토퍼를 중심으로 지퍼의 레이스를 앞뒤로 한 번씩 접습니다.

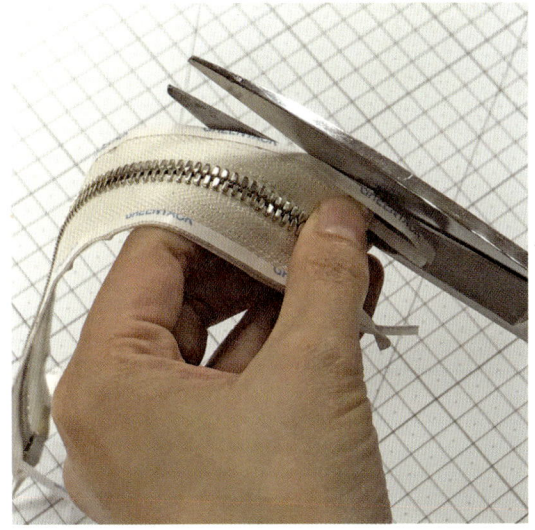 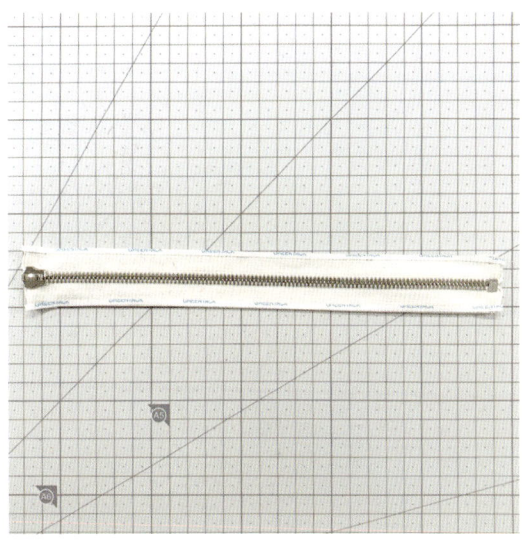

6
끝단을 정리합니다.

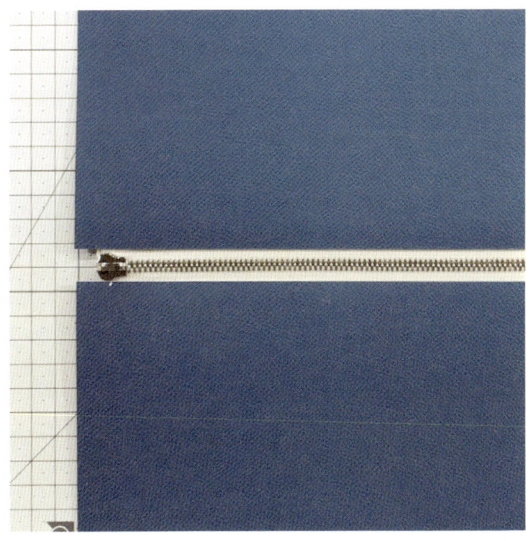 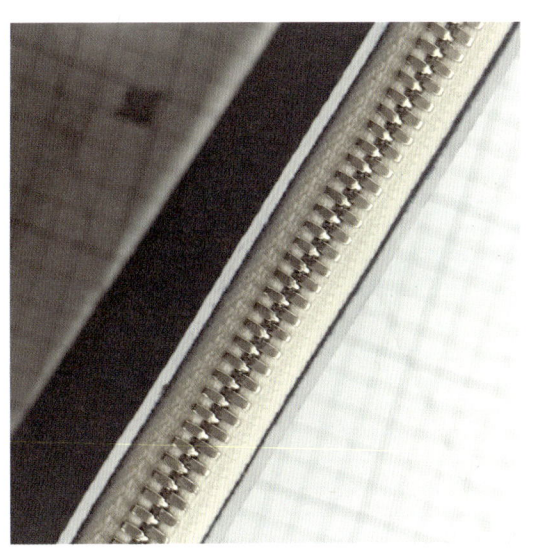

7
지퍼가 고정될 가죽의 단면에 미리 에지코트를 바릅니다. 지퍼 앞쪽 위 아래 양면테이프를 제거한 후 지퍼 사이의 간격이 일정하게 보이도록 가죽을 양면테이프 위에 고정합니다. 이때 앞뒤 가죽의 위치가 정확하게 일치하도록 합니다.

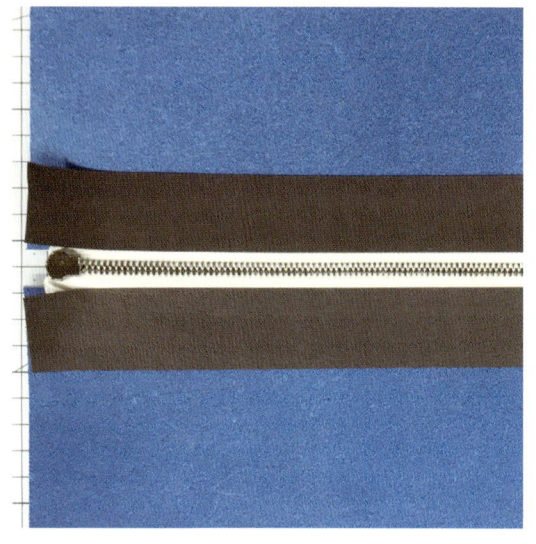

8
지퍼 안쪽에 MC 가죽을 가로 지퍼 파우치 길이와 세로 약 3cm 넓이로 재단하여 양면테이프를 제거하고 붙입니다.

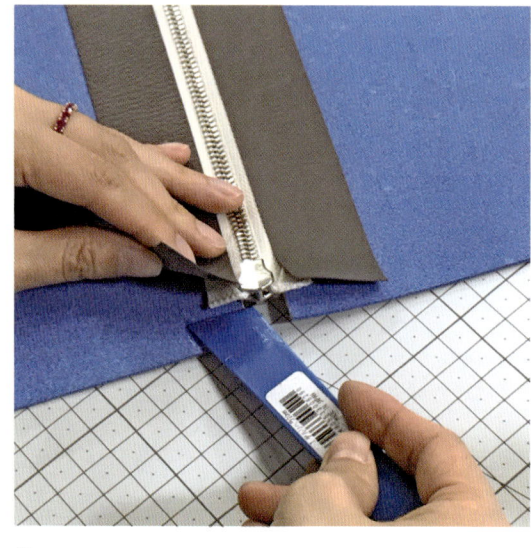

9
가드가 되는 가죽의 양쪽 끝 부분을 본드로 고정합니다.

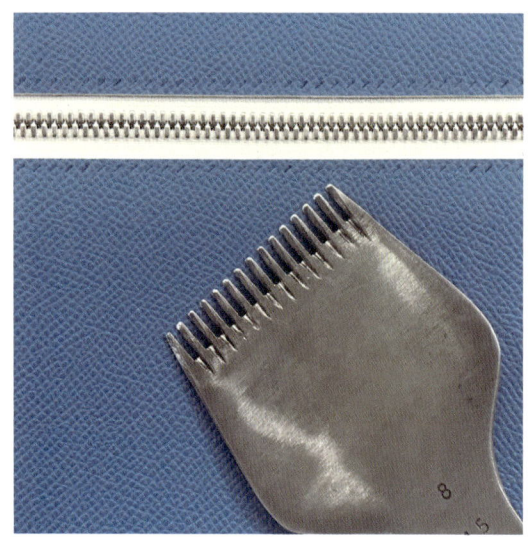

10
지퍼 부분의 가죽에 목타를 치고 바느질을 합니다.

11
지퍼 부분을 제외한 가죽의 3면에 본드를 바른 후 지퍼를 중심으로 반으로 접어 고정합니다. 닫힌 지퍼를 왼쪽에 두고 양 옆과 아래쪽 3면에 목타를 칩니다.

12
전체 바느질을 하고 에지코트를 칠한 후 마무리합니다. 바느질할 때 실이 너무 길면 중간에 엉킬 수 있으니 실은 적당하게 잘라 사용하세요. 바느질 중 실이 모자라면 세땀 더블스티치로 마무리하고 다시 바느질을 시작하면 됩니다.

완성
금속 지퍼 풀러 대신 가죽으로 만든 지퍼 풀러나
가죽 끈을 디링에 묶어주어도
한결 멋스럽겠죠?

명함케이스
Business card case

명함, 카드 케이스나 머니 클립 대용으로 사용 가능한 소품이에요.
초급과정 첫 작품으로 제작하거나 일일 체험용도로도 많이 만들고
가죽에 대한 이해와 기본 제작 과정을 배우고 이해하는데 좋은 아이템이에요.

#명함케이스 #커플아이템 #선물추천

부드러운 가죽과 단단한 가죽 둘 다 사용 가능하지만, 내피를 같이 작업할 경우
외피와 내피중 한쪽은 좀 더 단단하거나 부드럽게 작업하시는 것을 추천드려요.

Preparation
1.2T 엡송 0.5평, 돈피스웨이드 0.5평, 8mm 스냅, 실, 에지코트

1

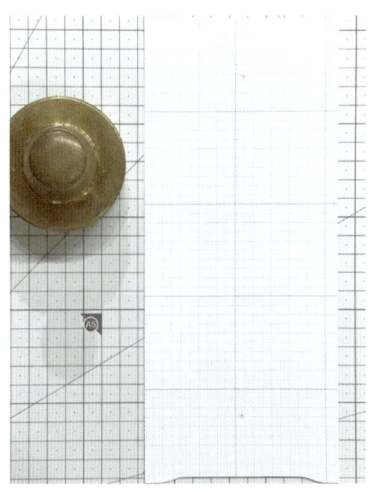 

준비된 패턴을 외피 위에 올린 후 딱 맞게 재단합니다.

> **Tip** 쇠로 된 무거운 문진을 이용하면 편리합니다. 문진이 없을 경우 마스킹 테이프로 패턴을 고정시키면 좀 더 정확한 재단을 할 수 있습니다.

2

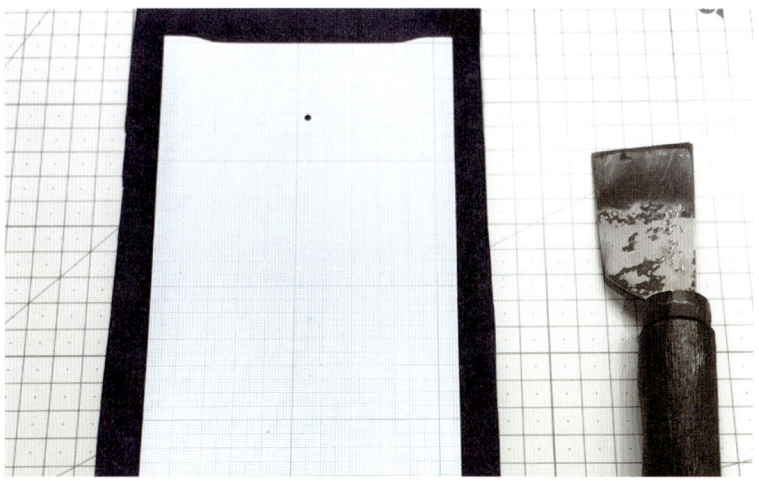

패턴을 내피 위에 올린 후 패턴보다 5mm 이상 크게 재단합니다. 꼭 5mm 일 필요는 없지만 재단의 편리함, 본드 칠하는 면적 등을 고려할 때 5mm 정도면 적당한 크기입니다.

3

외피와 내피 전체에 본드를 고르게 바른 후 가죽이 울지 않게 잘 붙입니다.

4

외피에 딱 맞게 내피를 재단합니다.

5

패턴에 표시된 위치에 2.5 사이즈의 펀치 구멍을 뚫습니다. 정확히 2.5 사이즈의 펀치가 없다면 2 혹은 3 사이즈의 펀치를 사용해도 좋습니다.

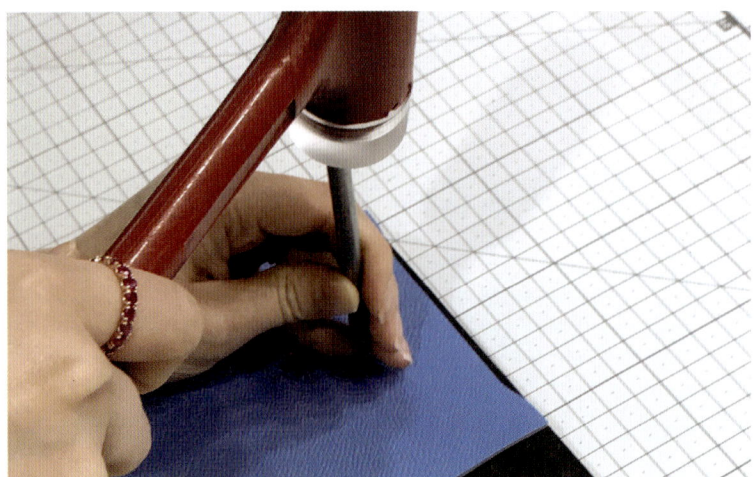

6

스냅은 플러스 2개와 마이너스 2개로 총 4개의 조각 부속이 한 쌍입니다. 망치로 두드리는 스냅 도구는 수직으로 잘 맞추어야 제대로 스냅이 체결됩니다. 수직으로 맞추지 않을 경우 스냅 불량의 원인이 되어 잘 열리고 닫히지 않을 수 있습니다.

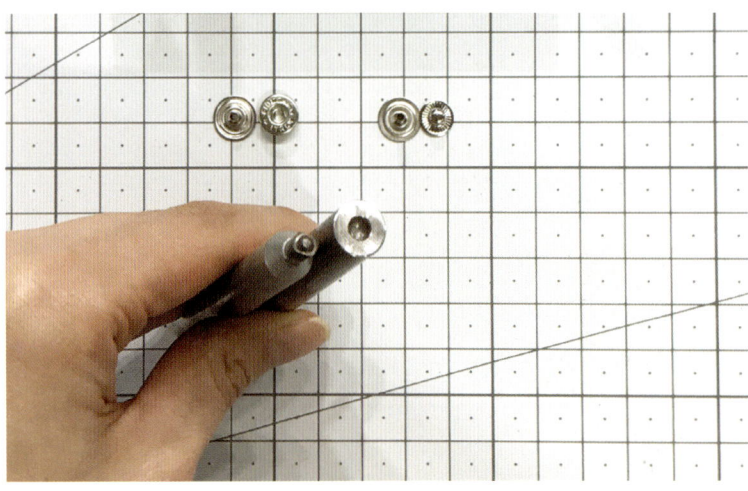

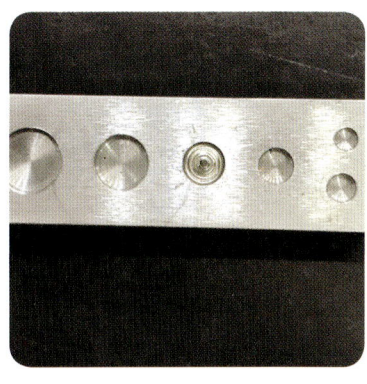
스냅의 마이너스 체결 도구와 체결 방법

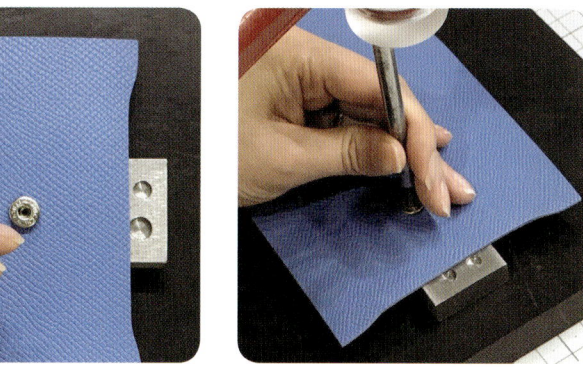

스냅의 플러스 체결 도구와 체결 방법

7
패턴에 표시된 대로 8호 (3.38mm) 크기의 목타로 15개의 바늘구멍을 뚫습니다. (3.38 사이즈의 목타가 없다면 준비된 목타로 패턴에 위치된 곳까지 목타로 구멍을 뚫습니다.)

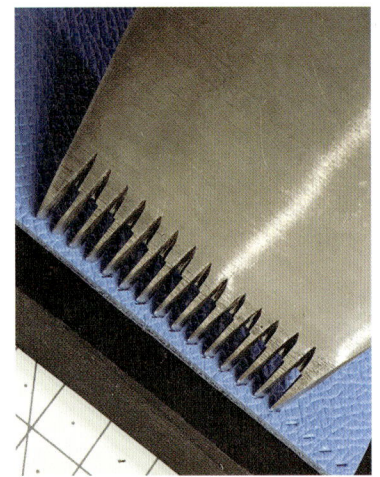

8

15개의 날을 이용할 경우 15개의 구멍 중 다섯 번째 구멍부터 목타를 끼워서 뒤쪽에 4개의 구멍 자국이 더 생기도록 목타를 가죽에 눌러 자국을 만듭니다. 마지막 2개 자국 위에 목타를 위치시키고 15개의 구멍을 또 만듭니다.

Tip 목타 날이 15개 이하일 경우 4개의 구멍 자국이 더 생기도록 목타 날수를 세어서 겹쳐 눌러주면 됩니다.

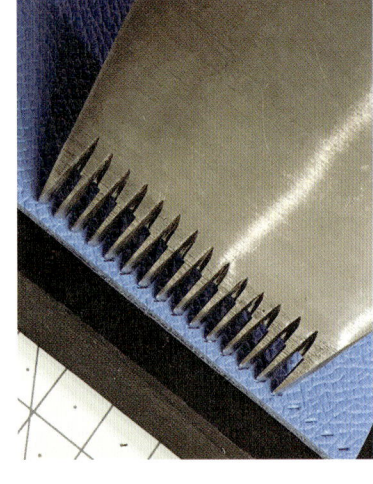

9

바느질을 시작하기 전에 재단된 양쪽 짧은 면에 에지코트를 바릅니다.

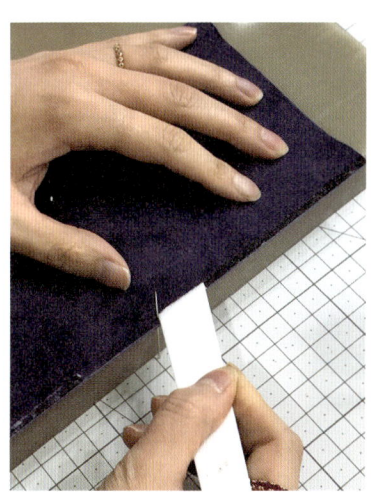
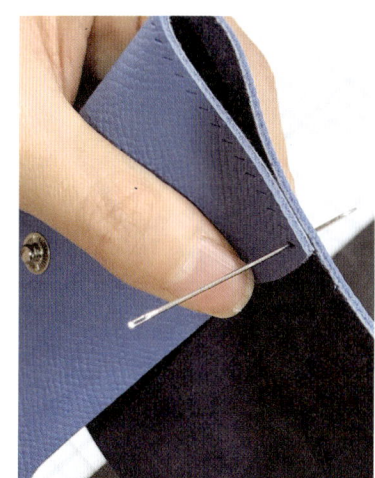

10

가죽의 내피 쪽 목타 구멍 부분에 본드를 바른 후 목타의 시작 부분과 끝 부분을 맞추어 붙입니다.

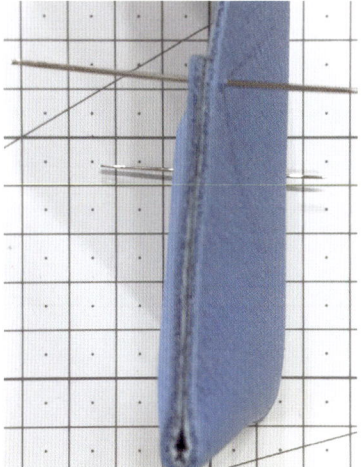

11

나머지도 같은 방식으로 붙입니다.

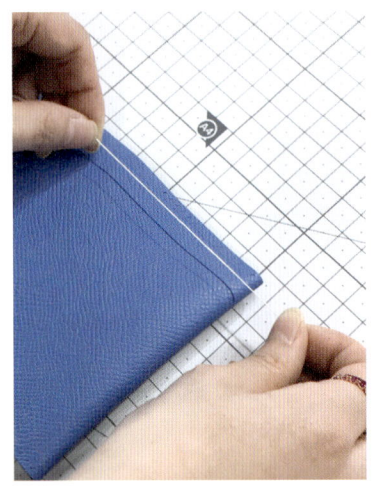
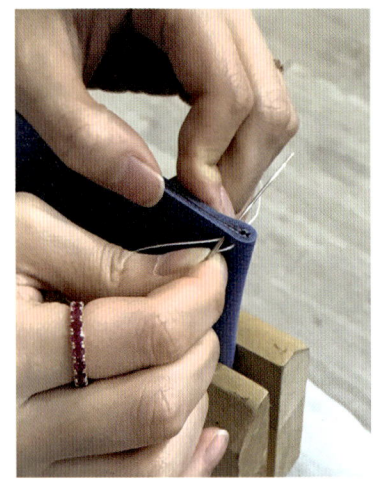

12

목타가 쳐진 네 곳을 모두 바느질합니다.

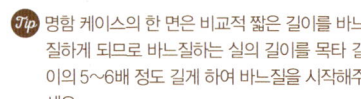 명함 케이스의 한 면은 비교적 짧은 길이를 바느질하게 되므로 바느질하는 실의 길이를 목타 길이의 5~6배 정도 길게 하여 바느질을 시작해주세요.

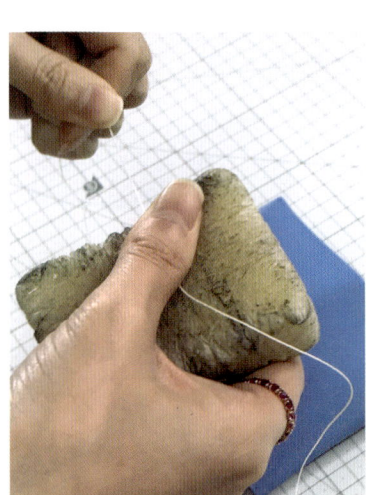

13

바느질의 끝부분은 겹치지 않은 가죽의 바깥 부분에 송곳으로 구멍을 뚫고 3땀 더블 스티치로 마감합니다. 에지코트로 마무리합니다.

완성

이제 산뜻한 명함 케이스로
바꿀 준비가 되셨겠지요?

동전지갑
Coin purse

묵주지갑, 액세서리 지갑 등으로도 활용할 수 있는 동전지갑이에요.
언뜻 작고 쉬워 보이지만 난이도가 좀 있는 아이템입니다.
처음에 따라하기는 쉽지 않지만 재료가 적게 들어가는 편이라 몇 번 실패해도 아깝지 않으실 거예요.

#동전지갑 #묵주지갑 #액세서리지갑

완성 후 어쩌면 만족도가 더 크겠죠?
친한 친구가 조르더라도 선뜻 주기 꺼려지는 완소 아이템.

Preparation
1.2T 엡송 0.5평, 3호 지퍼, 0.5mm LB, 4mm 양면테이프, 오링 1개, 실, 에지코트

• LB : Leather Board, 보강재

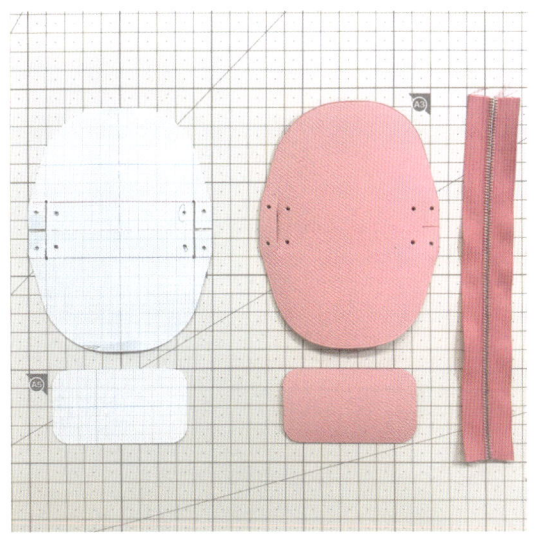
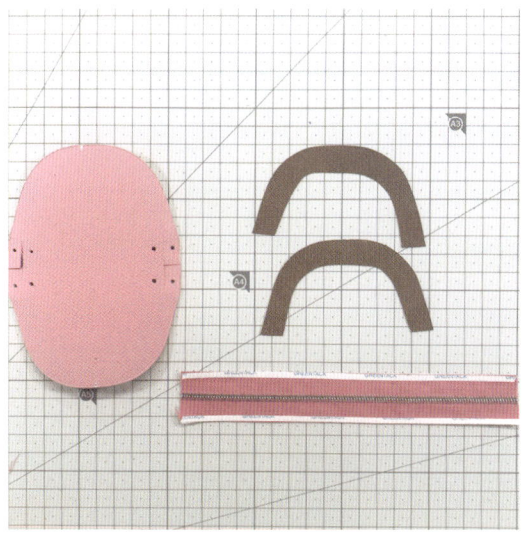

1
패턴에 따라 가죽과 보강재를 재단 후 패턴에 표시된 위치에 2.5 크기의 펀치로 구멍을 뚫습니다. 지퍼의 레이스 끝단에 4mm 양면테이프를 붙입니다.

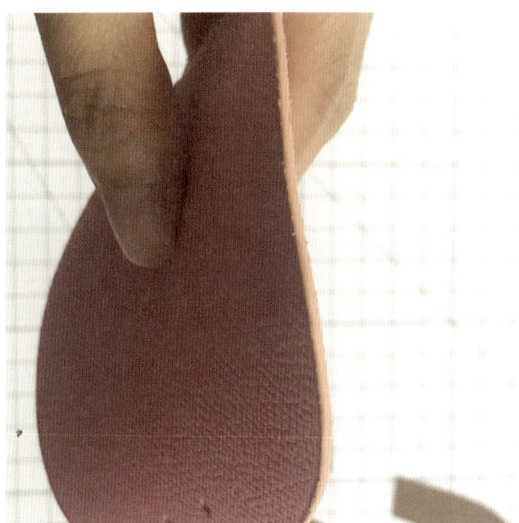

2
가죽의 재단면은 에지코트를 먼저 칠합니다.

3
지퍼의 레이스 위에 은펜으로 중심을 표시합니다. 지퍼를 두쪽으로 분리해서 보강재에 붙일 때 중심이 맞아야 지퍼를 제대로 열고 닫을 수 있습니다.

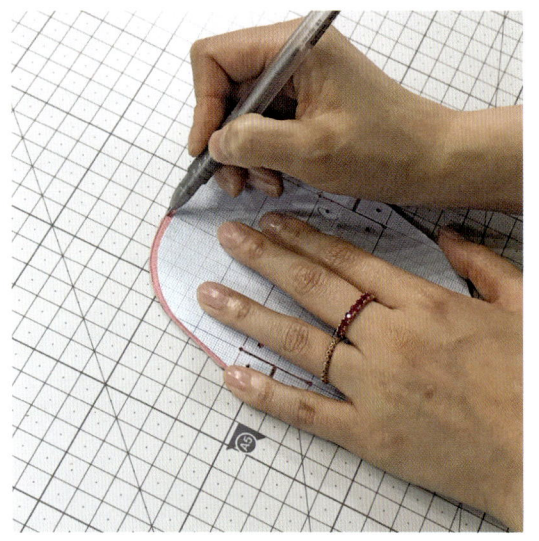 

4
가죽 위에 패턴을 올리고 위, 아래 중심점을 표시합니다.

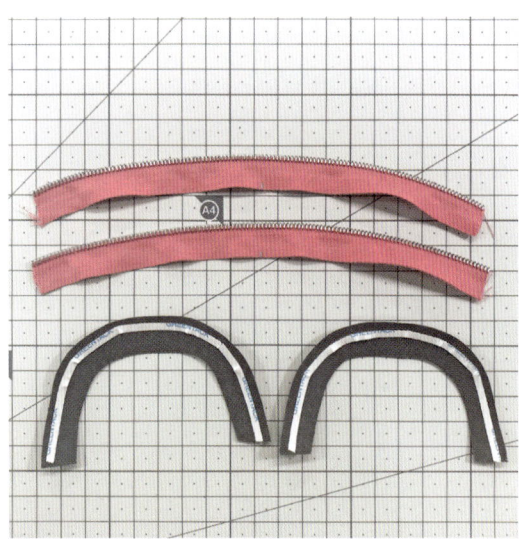

5
보강재의 바깥 가장자리에서 약 3mm 아래로 양면테이프를 붙입니다.

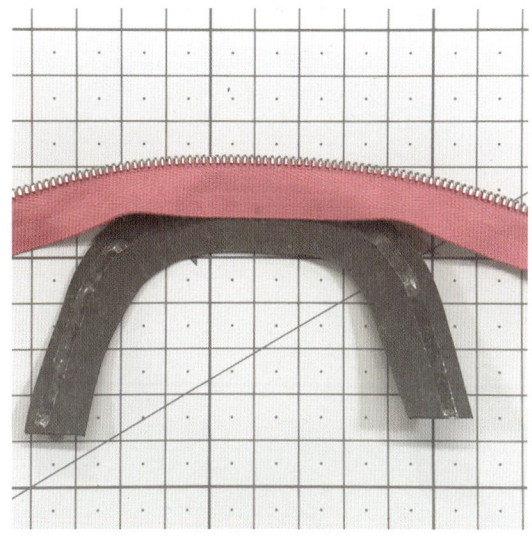

6
보강재(LB)와 지퍼의 중심을 맞추고 손으로 지퍼 레이스를 눌러가며 붙입니다.

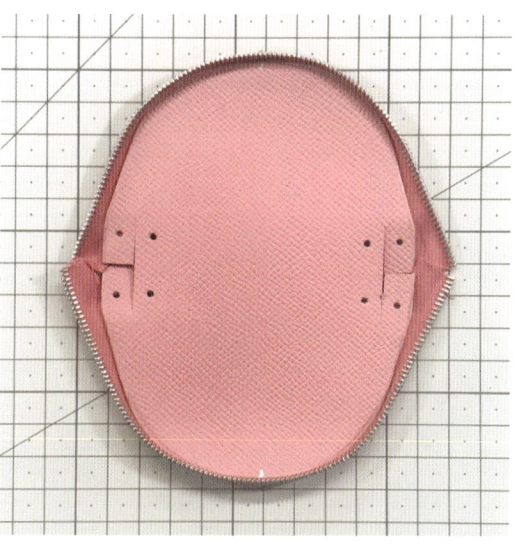

7
지퍼의 양면테이프를 떼어내고 지퍼의 중심(보강재의 중심)과 가죽의 중심을 맞추고 지퍼를 붙입니다.

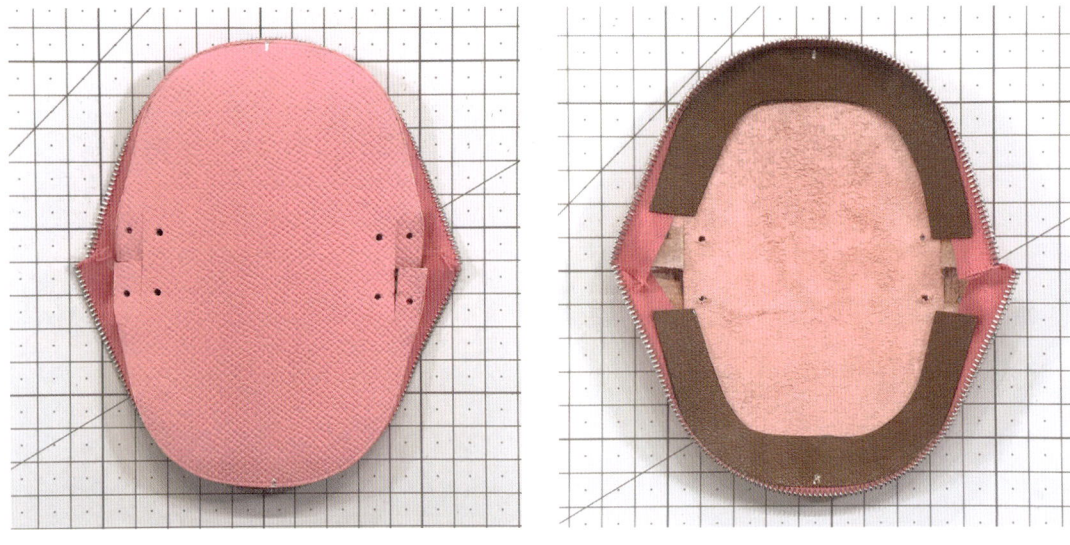

8
가죽과 지퍼 그리고 보강재가 잘 붙어있는지 확인합니다.

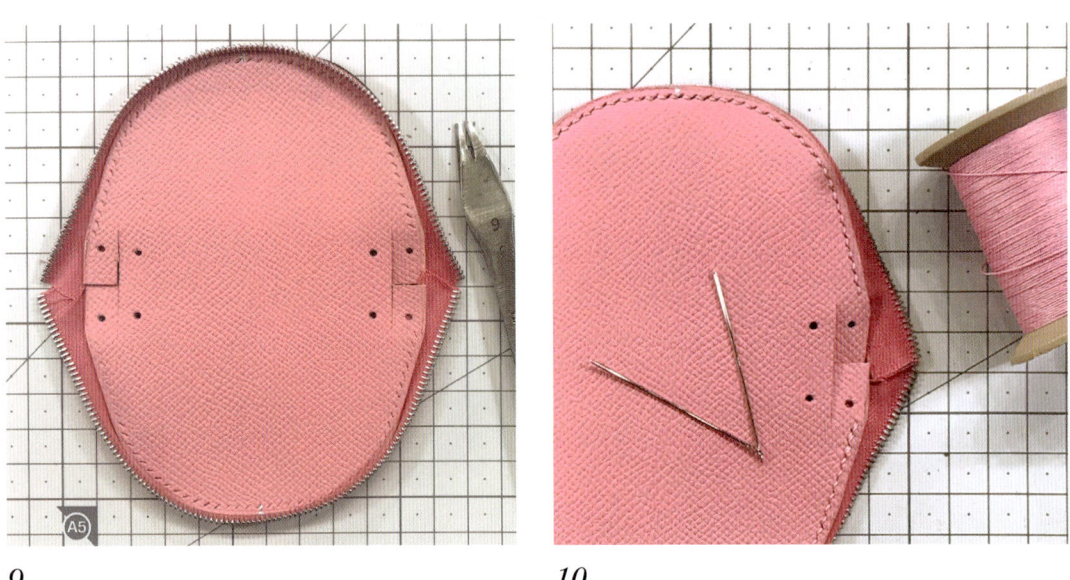

9
지퍼를 가죽 위쪽으로 뒤집은 후 가죽 가장자리를 따라 목타를 칩니다.

10
바느질을 합니다.

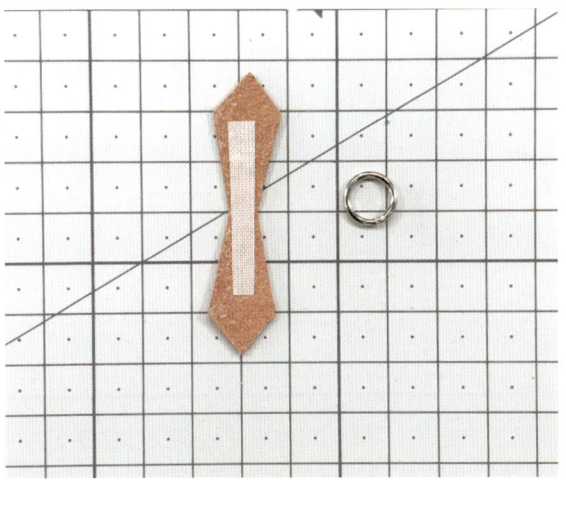

11
지퍼 풀러를 재단한 후 안쪽에 보강테이프를 붙입니다. 테두리에 에지코트를 바릅니다. 지퍼 풀러를 오링에 끼우고 본드로 붙입니다.

12
오링을 슬라이더에 고정하고 지퍼에 슬라이더를 밀어 넣습니다.

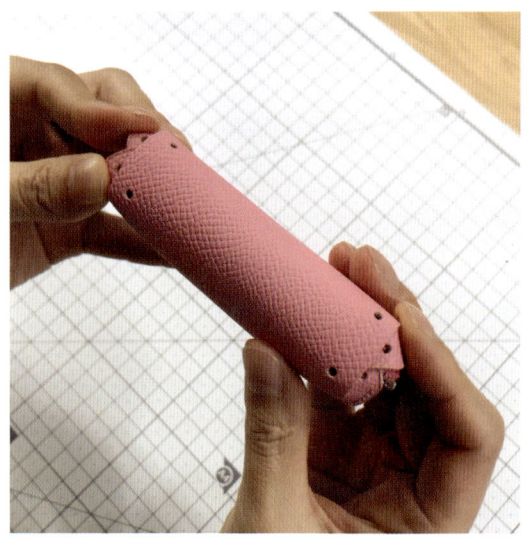

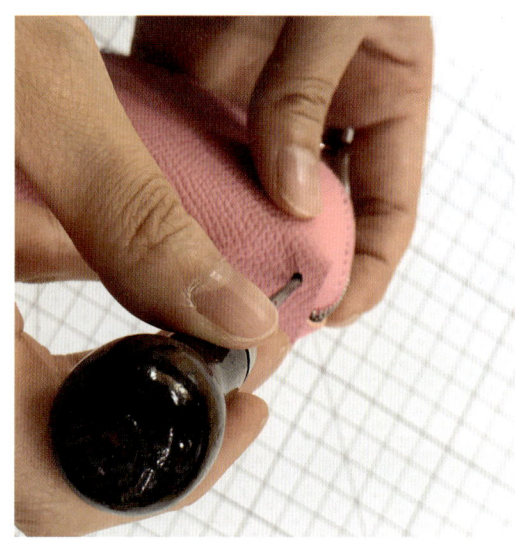

13
송곳을 이용하여 구멍을 맞춰주고 보강테이프로 지퍼 끝과 함께 고정합니다.

14

구멍에 리벳을 달아 고정합니다. 바닥의 보강 테이프 위와 바닥 가죽 안쪽에 본드를 바른 후 가죽을 덮어 고정합니다.

Tip 리벳 고정 방법은 p108 참고

완성

오히려 크기가 작은 소품일수록 만들기는 어려울 수 있어요.
첫 작품을 친구에게 선물했다면
좀 더 완성도 높은 나의 동전지갑을 만들어보세요.
밝고 경쾌한 느낌의 가죽과 실의 컬러를 선택해 보는건 어떨까요?
만드는 즐거움도 더 커질 거예요.

지퍼형 카드지갑
Card wallet with zipper

여러 브랜드에서 많이 나오는 지퍼형 카드지갑을
집에서 쉽게 만들 수 있도록 디자인해 보았어요.
크기는 손에 쏙 들어올 정도이고 지퍼가 있어서 지폐와 동전도 수납 가능해요.

#카드지갑 #카드홀더 #가죽소품

기본기 연습과 동전지갑 만들기를 통해 지퍼 작업을 해보셨으니
이 카드지갑은 조금 더 쉽게 만드실 수 있을 거예요.

Preparation
1.2T 엡송 0.5평, 0.8T MC 0.5평, 3호 지퍼, 우라, 4mm 양면테이프, 오링 1개, 실, 에지코트

• MC : Motor Cycle Jacket, 부드러운 소가죽

1

외피는 패턴과 같은 크기로 재단하고 패턴에 표시된 카드 칸을 재단 후 양끝은 1.5mm 펀치로 구멍을 내어 마감합니다. 내피는 패턴보다 전체적으로 5mm 크게 재단합니다.

2

지퍼는 패턴보다 약 1cm 길게 준비합니다. 패턴에 표시된 위치에 지퍼가 들어갈 수 있게 길이를 맞춰 지퍼의 양쪽 날을 제거합니다.

🅣🅟 지퍼 작업은 지퍼 파우치편을 참고하세요. p045

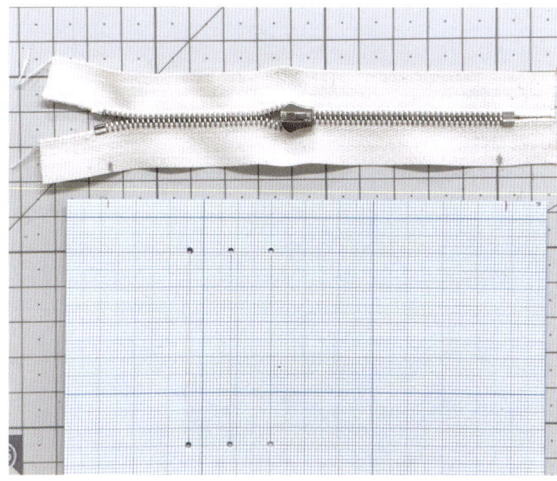

3

지퍼의 슬라이더와 스토퍼를 부착합니다.

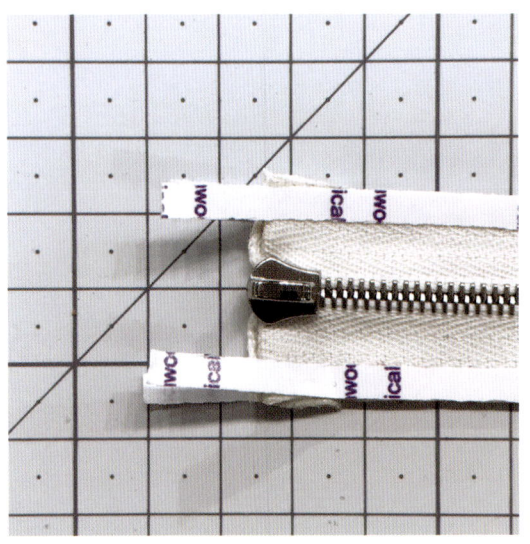
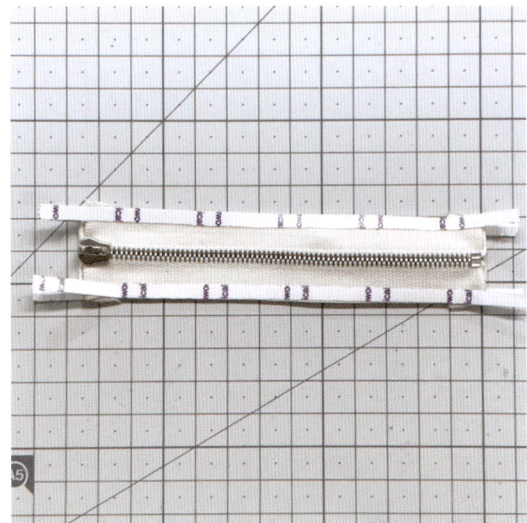

4

지퍼 레이스의 위, 아래 가장자리에 4mm의 양면테이프를 붙입니다. 뒷면도 동일하게 양면테이프를 붙이고 지퍼 레이스의 양 끝단을 접어서 지퍼를 완성합니다.

Tip 지퍼 작업은 지퍼 파우치편을 참고하세요. p048

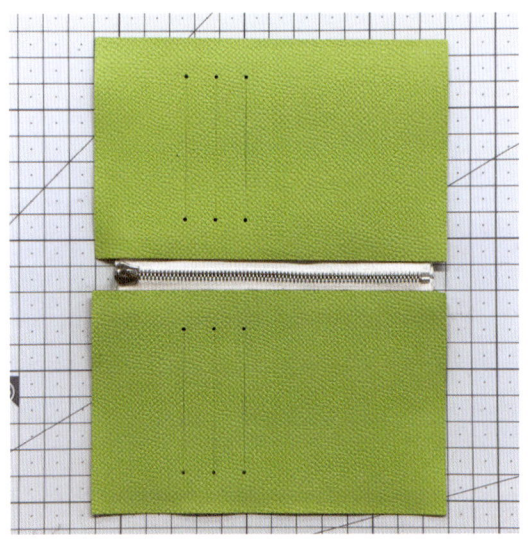

5

지퍼에 외피를 같은 간격으로 붙입니다.

070

6

겉감의 안쪽 면 카드 구멍의 아래 위로 양면테이프를 붙입니다. 패턴 크기의 우라(카드 고정용 천)를 6장 준비합니다. 우라의 한쪽은 약 5mm 접습니다.

7

양면테이프를 제거하고 제일 아래쪽부터 우라를 붙여 나갑니다. 5mm 접은 면을 먼저 카드 구멍 아래쪽에 붙이고 우라를 뒤집어 올려서 카드 구멍 위로 붙입니다. 위로 하나씩 똑같은 방식으로 해 나갑니다.

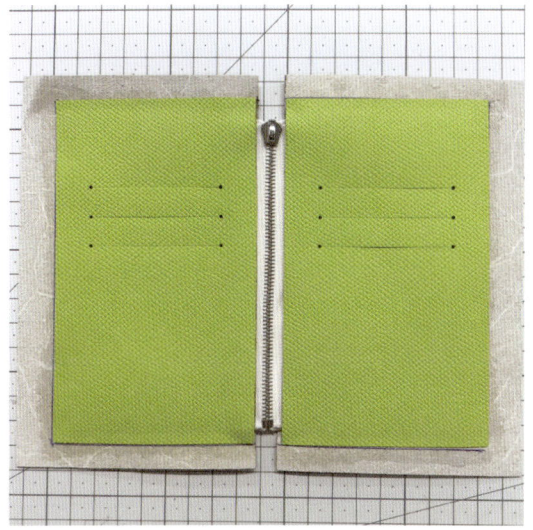
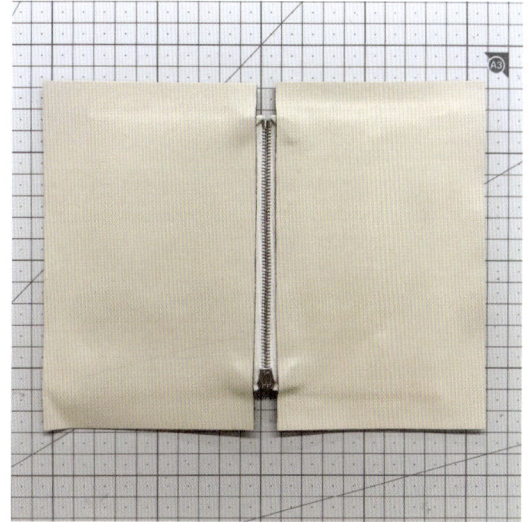

8
내피와 외피를 붙일 자리를 잡기 위해 내피 안쪽에 볼펜으로 위치를 표시하고 내피와 외피에 약 5mm씩 본드를 바릅니다. 외피와 지퍼의 위치를 확인하고 내피를 붙입니다.

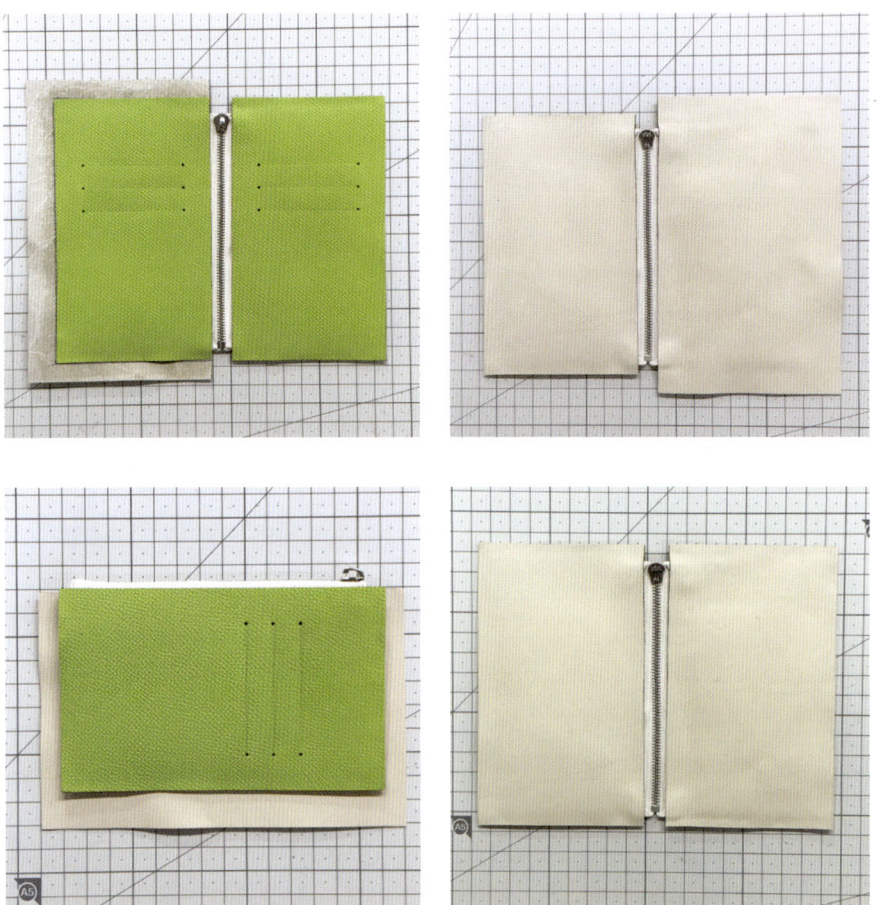

9

튀어나온 내피를 겉감의 크기에 맞게 재단합니다.

10

지퍼가 고정되어 있는 양쪽과 나머지 3면도 목타를 칩니다. 이때 양쪽 면의 목타 구멍 갯수가 맞도록 비교하며 목타를 칩니다. 지퍼가 고정된 면을 먼저 바느질합니다.

11
지퍼 쪽 바느질이 끝나면 나머지 3면 내피의 가장자리 쪽에 약 5mm 정도 본드를 바릅니다.

12
지퍼 쪽을 접어 양면을 붙입니다. 디링에 풀러를 고정하고 슬라이더에 고정합니다. 전체 바느질을 하고 에지코트를 바릅니다.

완성
슬림한 카드지갑으로 가방을 가볍게 만들어보세요. 동전을 갖고 다니지 않는다면 지퍼 없이 만드셔도 괜찮아요.

Class 3

My own bag
나만의
가방
만들기

이제 가방 만들기에 도전해보기로 해요.
패턴 작업을 하고 가죽을 고르고
한 땀 한 땀 정성스럽게 바느질을 합니다.
드디어 세상에 하나밖에 없는
나만의 가방이 완성되었답니다!

○ 첫 번째
단품수업

"우리 올해는 단품수업 한번 해보는 건 어떨까요?"
어느날 갑자기 던진 제안에 우리는 또 며칠을 수업 준비로
눈 코 뜰 새 없이 바쁘게 보냈습니다.
시간을 내서 오시는 분들께 최대한 즐거운 시간,
퀄리티 높은 작품을 안고 돌아가실 수 있게 하려면
어떤 디자인, 어떤 가죽, 어디까지의 밑작업이 필요한 걸까?

고심 끝에 선정된 아이템은 핑크 클러치.
이 클러치로 말하자면 많은 초급과정 수강생분들에게
가죽공예를 계속할 것인가 말 것인가 시험에 들게 하는 아이템이자
그 관문을 넘은 분들께는 엄청난 희열을 선물하는 마성의 클러치입니다.
가죽공예를 처음 접하시는 분들을 위한
단품수업용으로 더 단순하게 디자인을 수정했어요.
여름이 시작되는 날 열린 클러치 단품수업은 그 날의 사진을
한 장도 남기지 못할 정도로 정신없이 지나갔습니다.
아마도 모두 재미있는 시간을 보내셨겠죠?

책을 쓰며 우리 책에는 뭘 넣을까 고민하다가 눈이 간 곳은
아직도 공방 한 켠에 붙어있는 클러치 광고 포스터.
그래! 우리의 첫 번째 단품수업 아이템을
더 많은 사람들이 만들어볼 수 있다면 좋겠지?

핑크 클러치
Pink clutch

핑크 클러치는 초급 과정의 수강생들에게 가장 인기 있는 아이템이에요.
그 날의 의상에 맞춰 한손에 가볍게 들기 좋은 클러치는
패션을 완성시켜주는 포인트 아이템이기도 해요.

#클러치 #기분전환용가방 #패션아이템

때로는 경쾌하고 때로는 우아하게 클러치를 들어보세요.
기분전환용으로 충분히 매력적인 클러치랍니다.

Preparation
1.2T 엡송 4평, 0.8T MC 2평, 점착식 스판부직포 2평, 0.5mm LB 0.2평, 자석 한쌍, 실, 에지코트

• MC: Motor Cycle Jacket, 부드러운 소가죽   • LB: Leather Board, 보강재

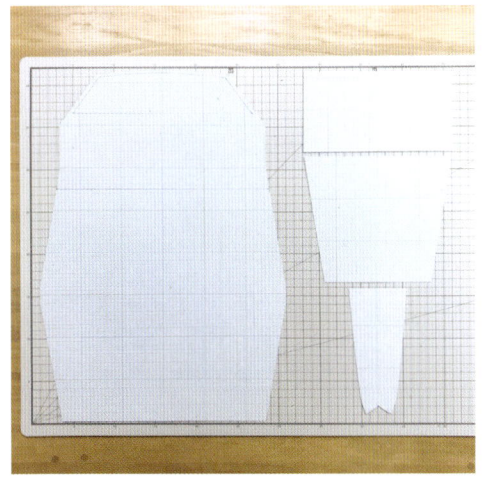
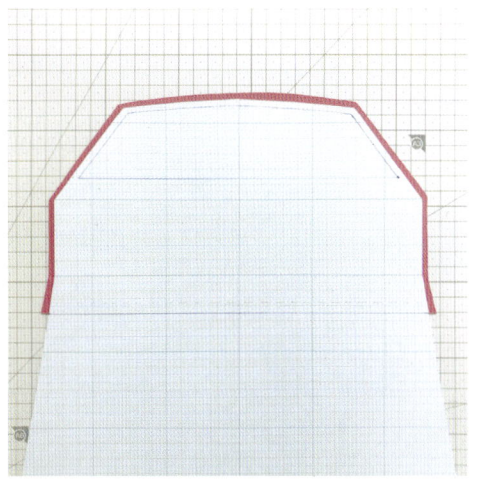
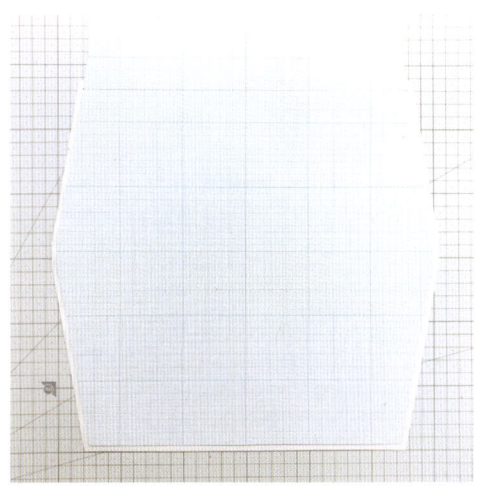
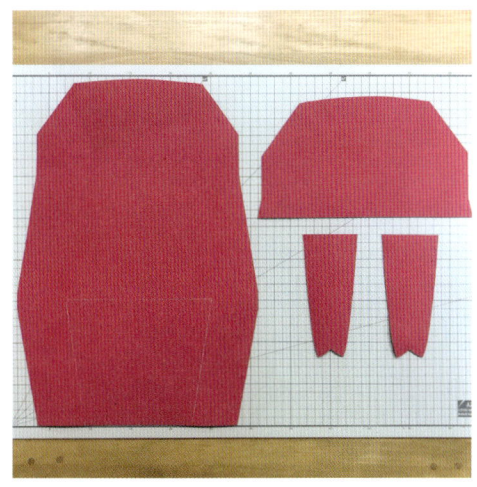
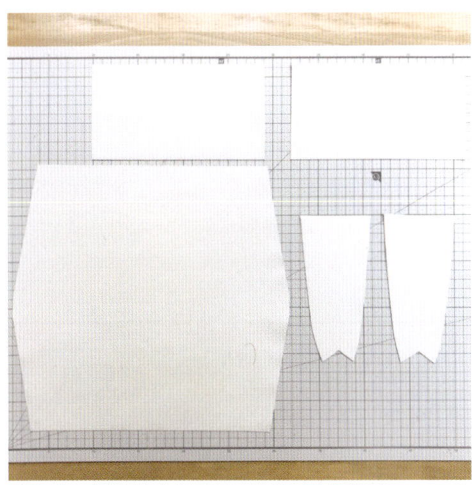

1

외피 위에 몸판, 옆판 패턴을 올리고 패턴에 딱 맞게 재단합니다. (몸판 1개, 옆판 2개) 내피는 패턴을 올려놓고 패턴보다 전체적으로 5mm 크게 재단합니다. 뚜껑 안쪽도 외피를 사용할 예정이니 뚜껑 패턴보다 전체적으로 5mm 크게 재단합니다.

 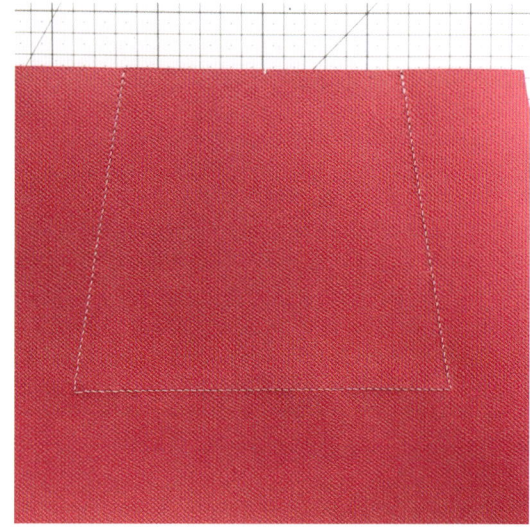

2

마름모꼴 패턴을 외피 가장 긴 면에 놓고 가죽과 패턴의 중심점을 맞춰 은펜으로 라인을 그려줍니다. 표시한 라인을 따라 목타를 치고 바느질을 합니다. 이 바느질은 디자인 적인 요소를 가미하려고 하는 목적이므로 힘드시다면 생략해도 좋습니다. 하지만 바느질을 넣는 것이 더 예쁘답니다.

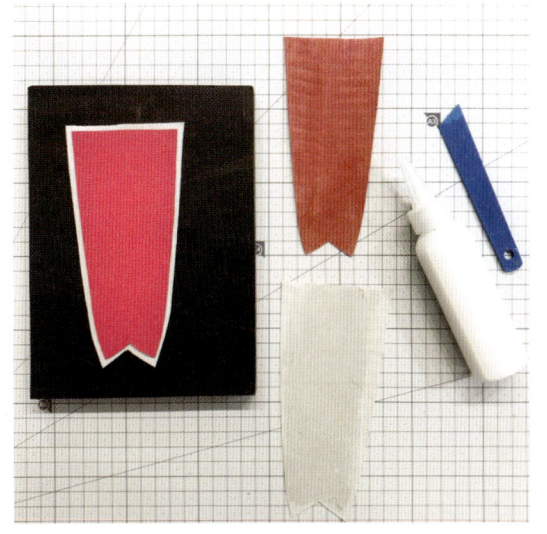

3
옆판 외피와 내피의 전면에 본드를 바른 후 충분히 마르면 한 쌍씩 가죽을 붙입니다.

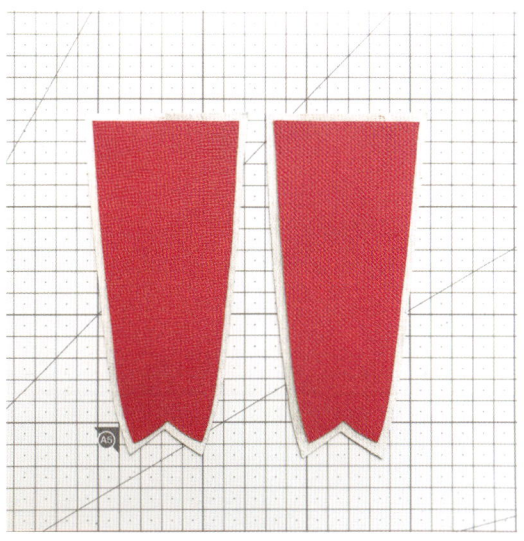

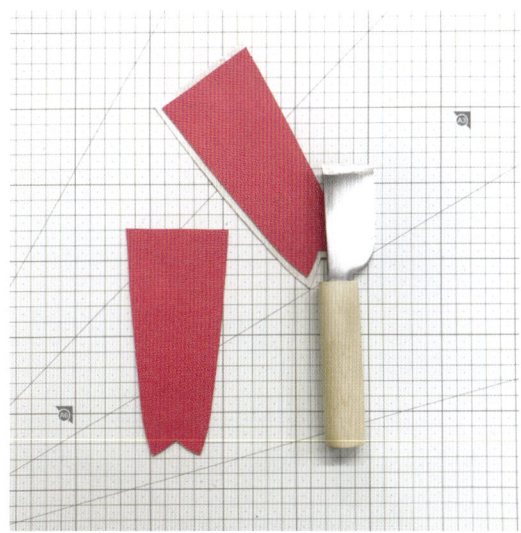

4
외피보다 크게 옆으로 튀어나온 내피는 외피에 맞추어 자릅니다.

 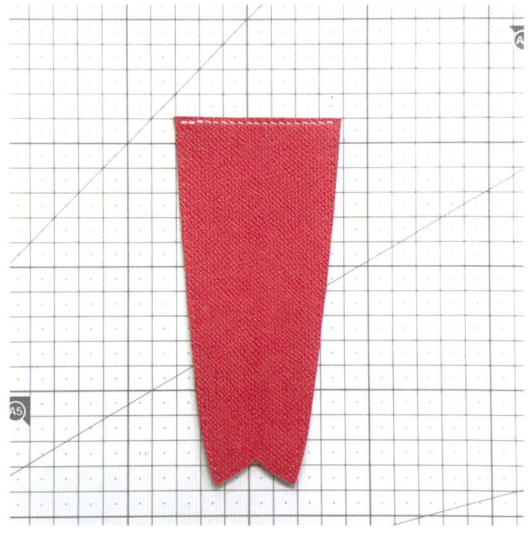

5
옆판의 아랫쪽 파인 부분을 제외하고 테두리 전체에 목타를 칩니다. 옆판 윗라인만 바느질을 하고 에지코트를 매끄럽게 여러 번 바릅니다.

 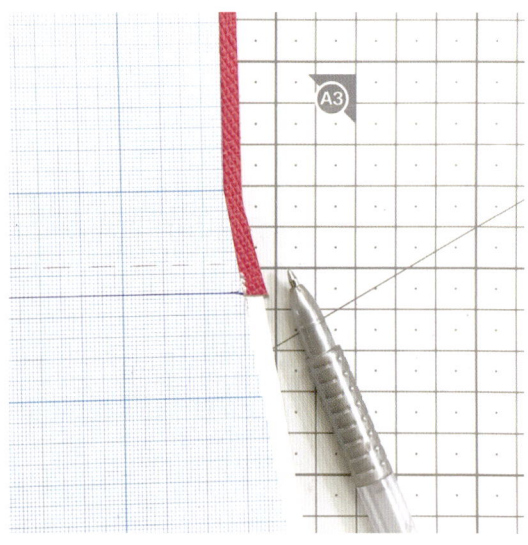

6
뚜껑 내피의 아랫부분에 에지코트를 바르고 뚜껑 내피와 몸판 내피 패턴의 표시된 부분에 약 7mm 본드를 칠한 후 두 개를 포개어 붙입니다.

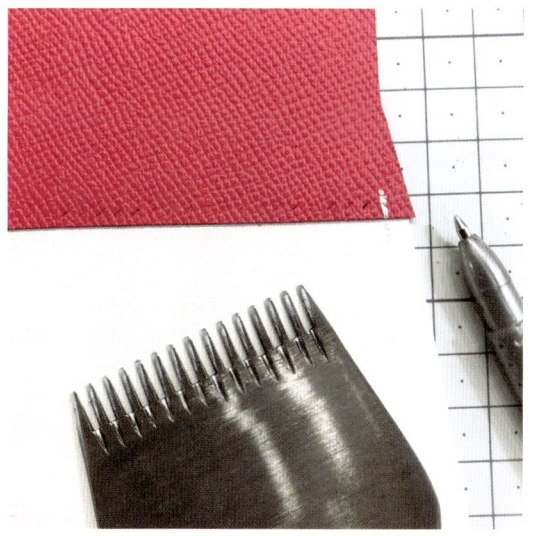 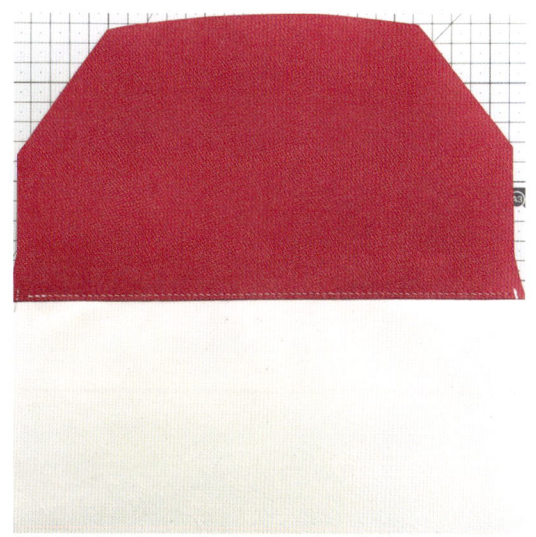

7
뚜껑 내피와 몸판 내피를 연결한 부분에 목타를 치고 바느질합니다. 내피가 외피보다 크기 때문에 은펜으로 표시한 자리까지만 목타를 치도록 주의하세요.

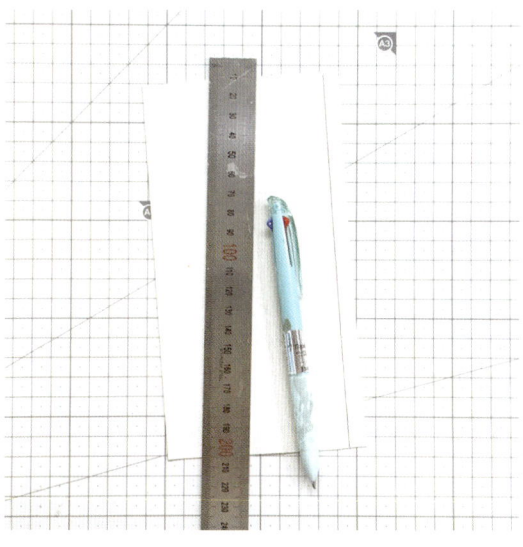 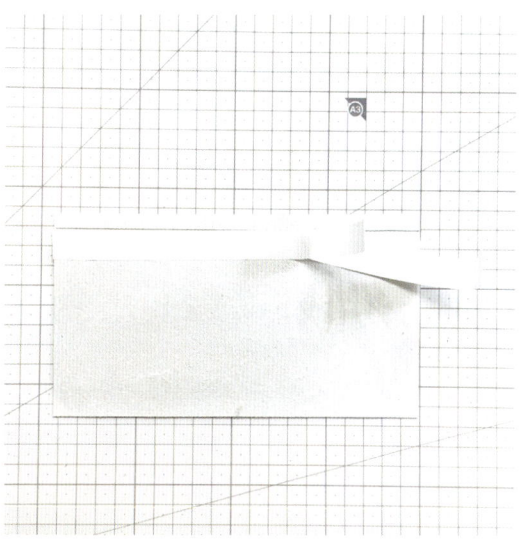

8
주머니용 MC 가죽 한 장에 약 1cm 정도의 시접 라인을 그린 후 보강테이프를 시접선 아래로 붙입니다.

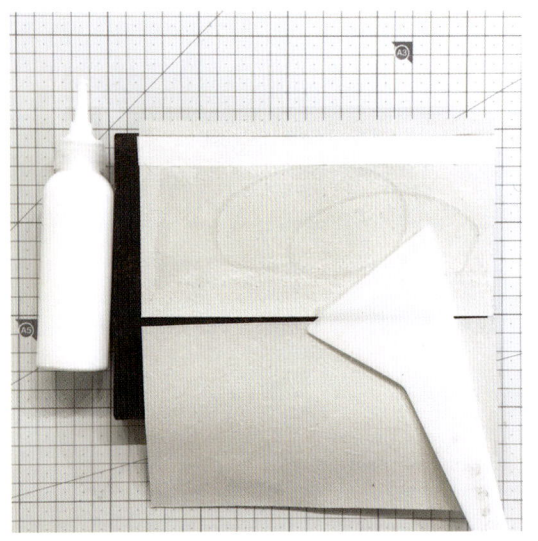 

9
주머니용 가죽 2장 모두 전체적으로 고르게 본드를 바르고 말립니다. 보강테이프를 기준으로 아래쪽에 주머니의 내피를 붙입니다.

10
시접할 부분에 본드를 바른 후 접습니다.

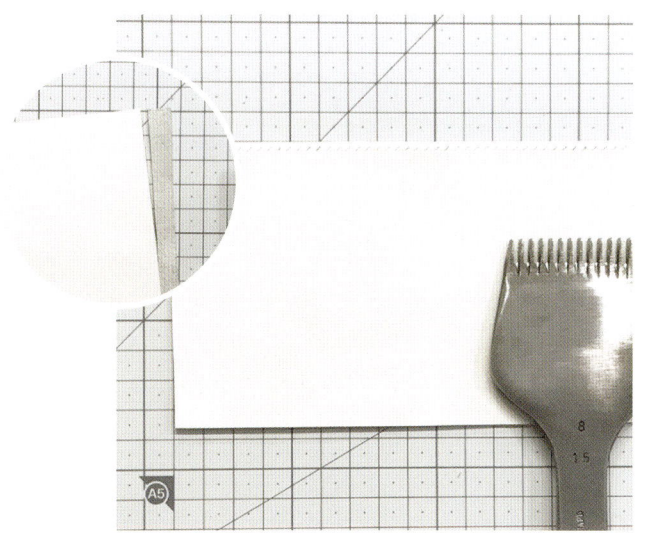
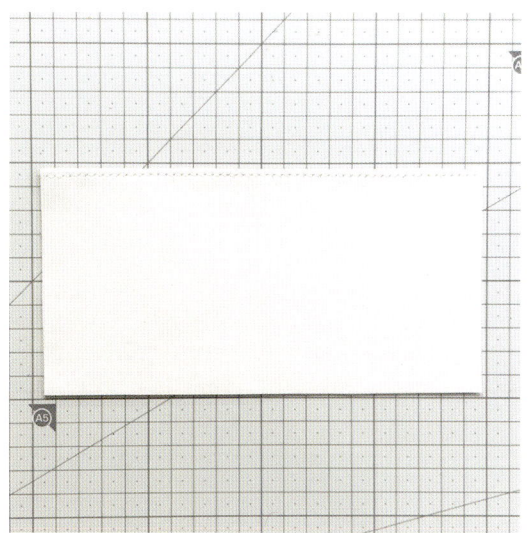

11
주머니의 테두리를 깔끔하게 잘라내고 시접할 윗부분에 바느질합니다.

12
뚜껑 내피 아래로 완성된 주머니를 본드로 고정한 후 목타를 쳐 바느질합니다.

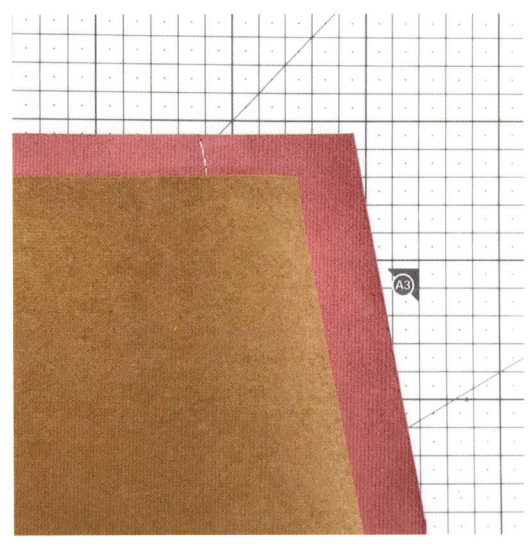

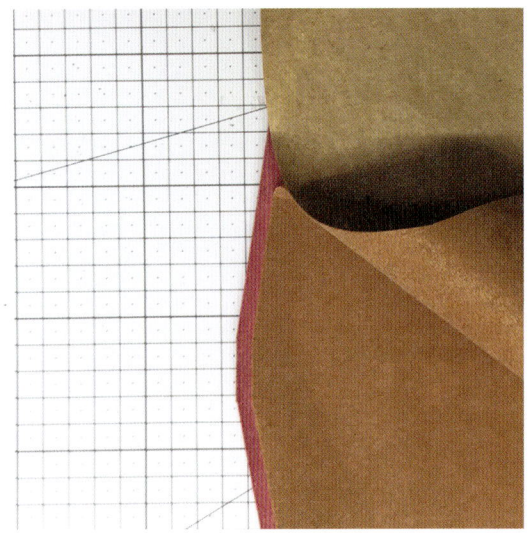
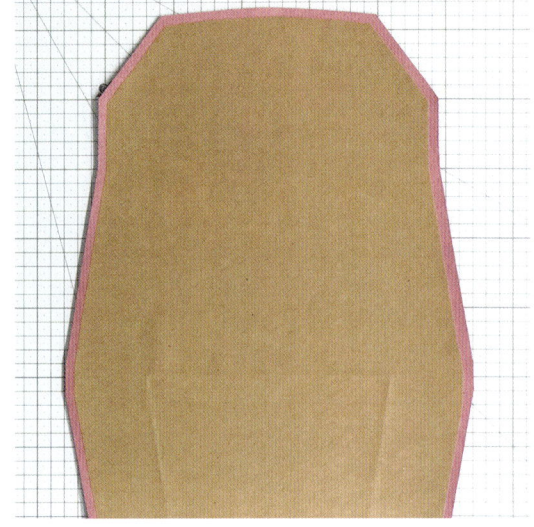

13
외피 몸판 보강을 위해 점착식 스판부직포를 외피 몸판보다 약 5mm 작게 재단 후 몸판 안쪽에 붙입니다. (일반 부직포는 본드를 발라 붙이면 됩니다.)

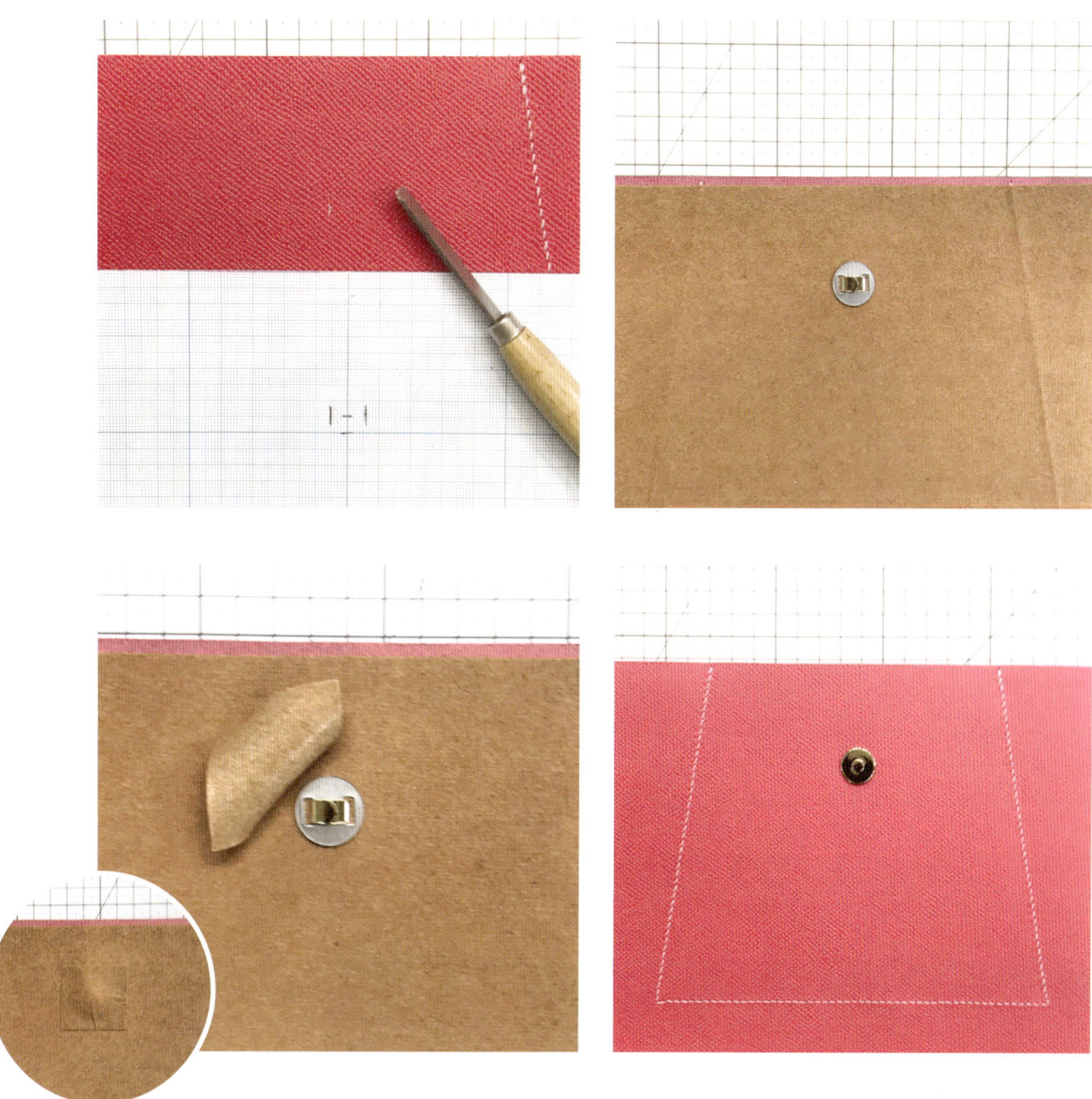

14

패턴을 가죽 위에 올려놓고 표시된 자석 자리에 구멍을 뚫은 뒤 자석을 고정합니다. 구멍을 뚫을 때는 칼을 사용하거나 일자 끌을 사용하셔도 됩니다.

15
위 사진과 같이 작업이 끝났다면 외피와 내피를 붙입니다.

16
뚜껑 부분을 제외하고 내피의 가장자리에 약 1cm, 외피의 가장자리에 약 5mm 폭으로 본드를 바릅니다.

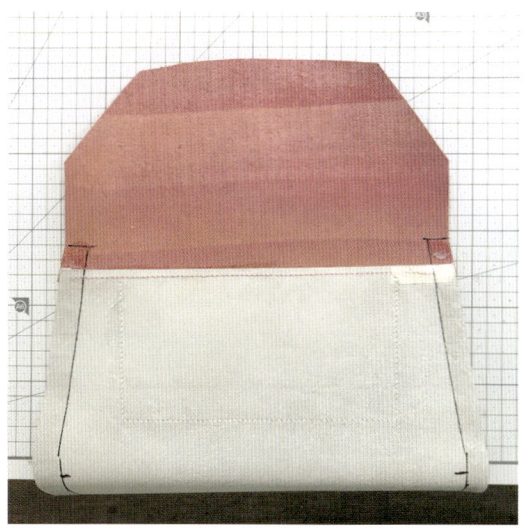

17
클러치의 내피가 구겨지지 않게 하기 위해 내피를 바닥에 내려놓고 바닥 쪽 접히는 부분을 책상 모서리에 걸칩니다.

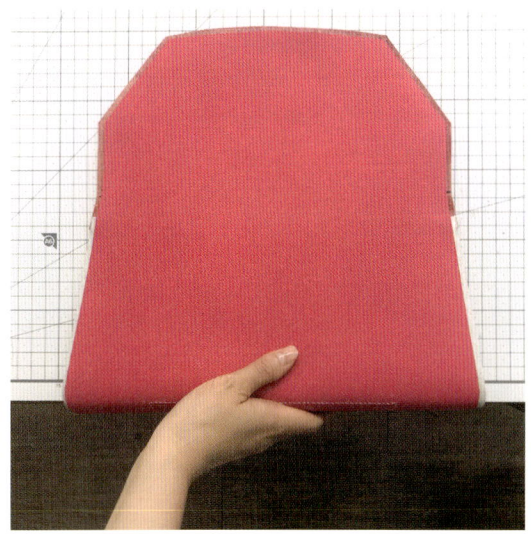

18
외피의 바닥 위치를 잡고 붙인 후 뒤집어서 다시 한번 고정합니다.

19
접히는 부분을 말아서 잘 고정합니다.

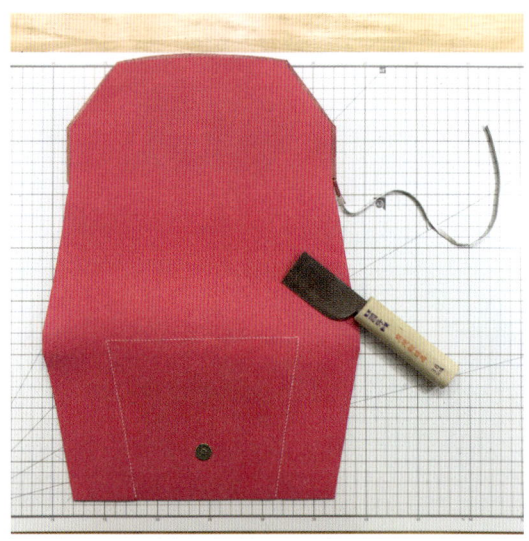

20
외피와 내피가 잘 고정되었다면 밖으로 튀어나온 내피를 잘라 정리합니다.

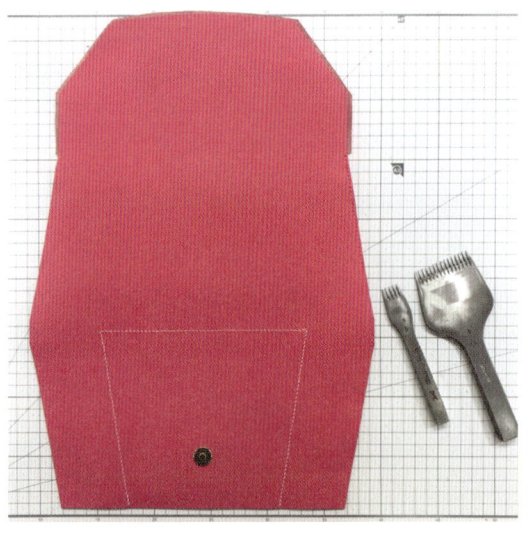

21
외피와 내피가 고정된 가장자리만 전체 목타를 칩니다.

22
상단 직선 부분을 먼저 바느질한 뒤, 에지코트를 매끈하게 바릅니다.

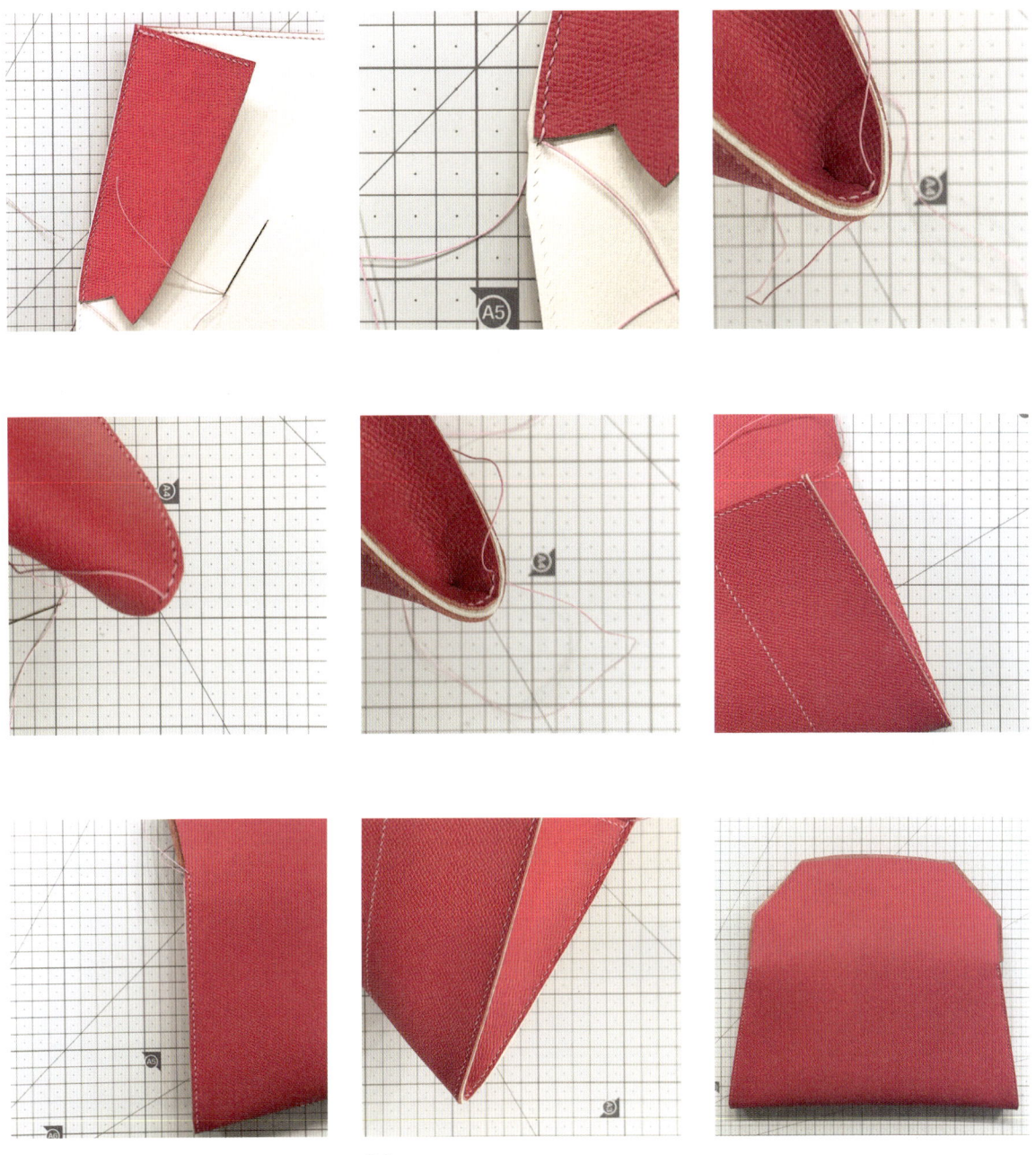

23
옆판을 몸판의 내피 위쪽에 첫 번째 구멍을 맞추어 위치시킨 후 위에서부터 한 땀씩 바느질하여 반대쪽 위까지 마무리합니다. 맞은편 옆판도 같은 방식으로 바느질합니다.

24
양쪽 옆판 바느질이 끝나면 단면에 에지코트를 여러 번 바릅니다.

25
뚜껑에 자석을 고정하기 위해 패턴에 맞추어 보강재(LB)를 자릅니다.

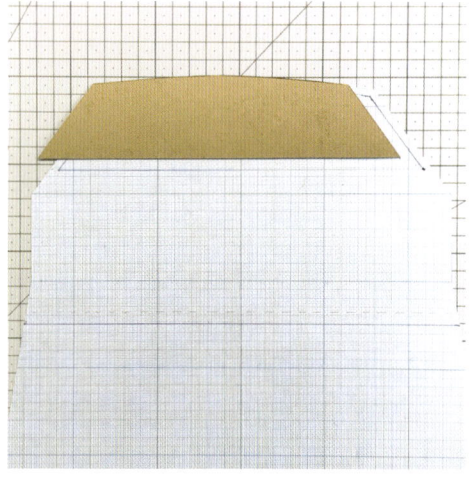

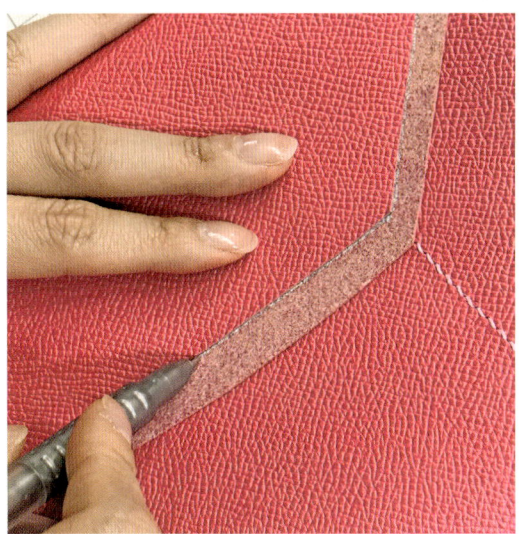

26
뚜껑 부분의 외피와 내피를 완성될 위치에 두고 은펜으로 내피가 잘려나갈 부위를 표시합니다.

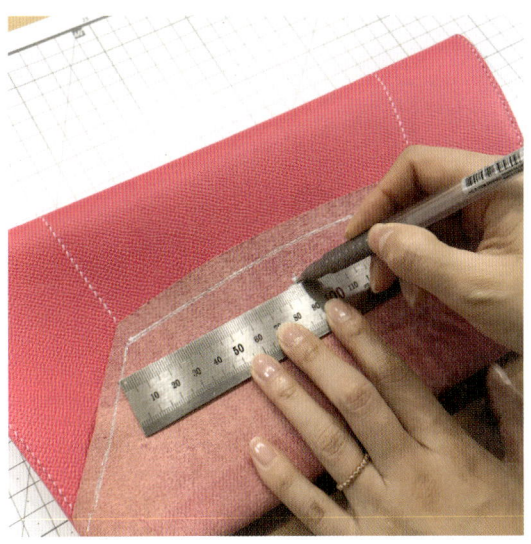

27
뚜껑 내피를 뒤집어 표시된 부분으로부터 아래로 2cm, 중심 부분을 송곳으로 뚫어 표시합니다.

28
보강재는 뚜껑 내피에 표시된 부분에서 약 5mm 안쪽으로 보강재 사이즈만큼 전체 본딩하여 붙입니다.

29
뚜껑 내피에 송곳으로 표시된 부분에 구멍을 뚫고 자석을 고정합니다.

30
뚜껑 외피와 내피 테두리에 본드를 바릅니다. 자석을 붙인 부분은 본드가 묻지 않도록 조심합니다.

31
외피와 내피를 붙일 때 먼저 내피의 자석을 몸판 자석에 붙여 고정이 되면 그 위에 뚜껑 외피를 얹어 붙입니다.

32
외피에 맞추어 튀어나온 내피를 재단합니다.

33
목타를 치고 바느질합니다. 바느질이 끝나면 에지코트를 발라 마무리합니다.

완성
핑크 클러치를 만드는 동안
무슨 옷에 어울릴까 생각해보셨나요?
통통 튀는 컬러로 기분전환해 보세요.

심플 토트백
Simple totebag

때론 심플한 것이 가장 아름다워 보일 때가 있죠.
심플 토트백은 요즘 유행하는 미니사이즈에 군더더기 없이 미니멀한 라인으로
심플함을 강조한 디자인이에요.

#토트백 #미니멀백 #숄더백

스트랩을 만드는 것은 선택사항이지만 스트랩을 달아주면
어깨에 걸칠 수도 있으니 더욱 실용적이겠죠?

Preparation
1.2T 엡송 5평, 0.8T MC 4평, 점착식 스판부직포 4평, 8mm 리벳 2쌍, 내경 1.5mm 디링 2개, 실, 에지코트

• MC: Motor Cycle Jacket, 부드러운 소가죽

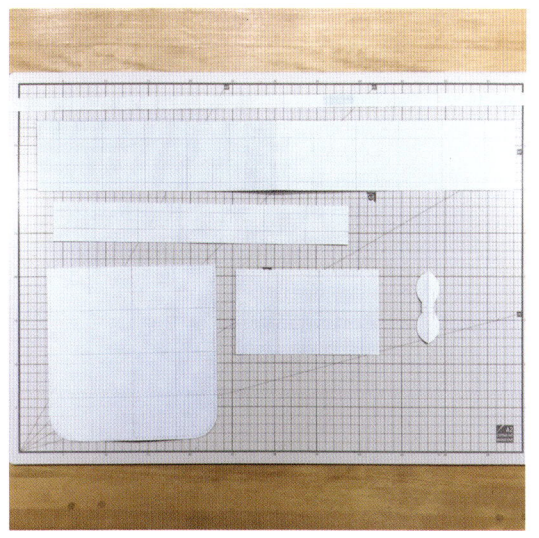

1
패턴을 준비합니다.

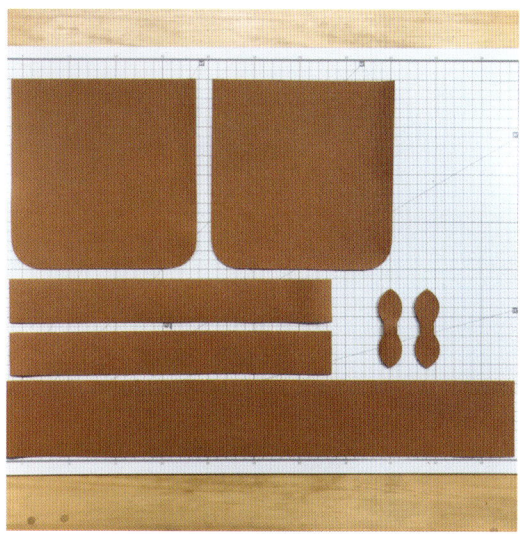

2
패턴과 같은 크기로 외피를 재단합니다.

3
내피는 내피 패턴보다 약 5mm 크게 재단합니다.

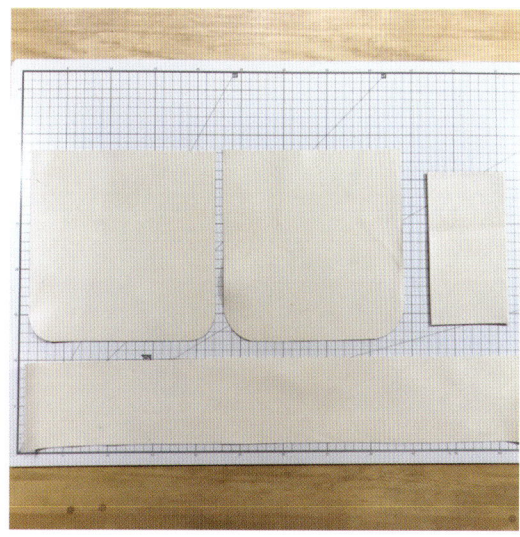

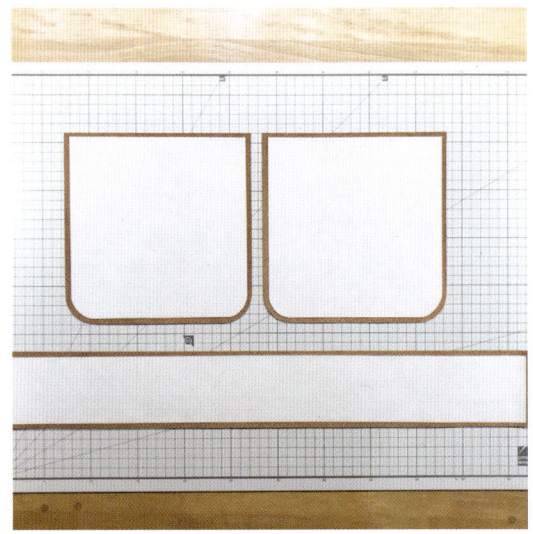

4
앞판, 뒷판, 옆판의 패턴보다 전체적으로 5mm 작게 보강재를 재단하여 각각 해당하는 외피 안쪽에 붙입니다. (점착식 스판 부직포)

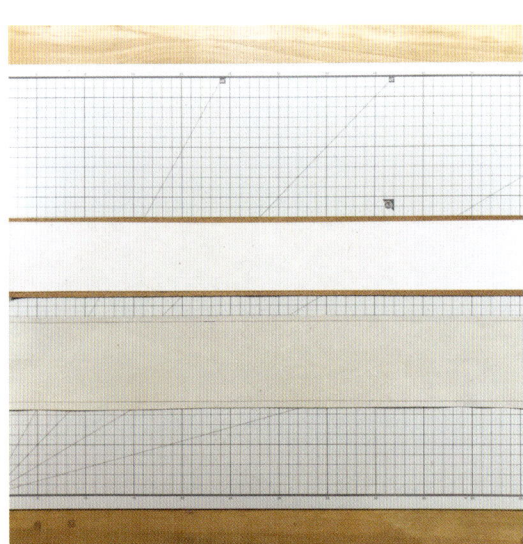

5
보강재를 덧댄 외피와 5mm 넓게 재단된 내피의 테두리에 본드칠을 합니다. (외피 5mm 폭, 내피 1cm 폭 본딩)

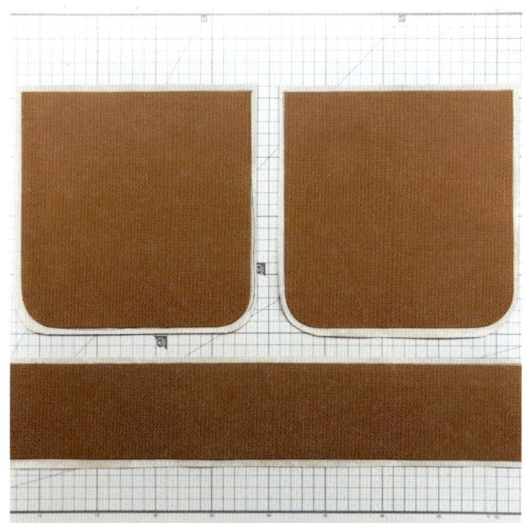

6
본드를 바른 외피와 내피를 붙인 후 튀어나온 내피를 잘라내어 정리합니다.

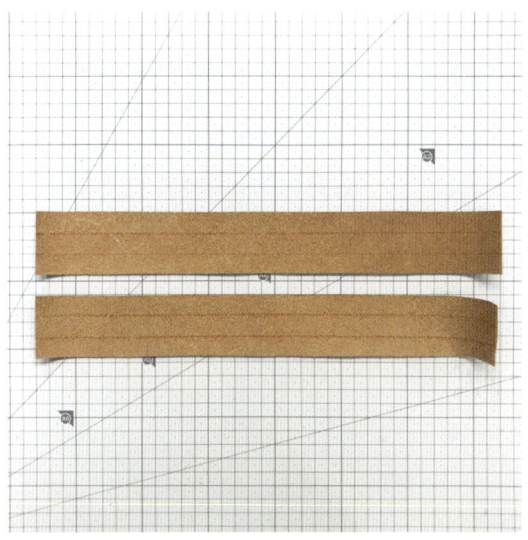
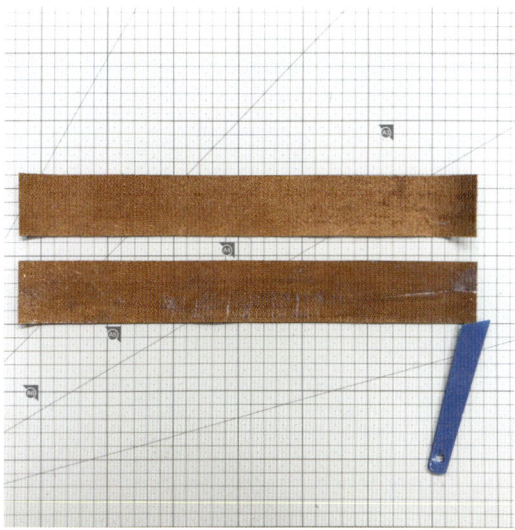

7
손잡이 가죽의 뒷면을 가로로 길게 3분의 1로 나누어 (약 1.5cm 간격) 볼펜으로 선을 긋고 전체에 본드칠을 합니다.

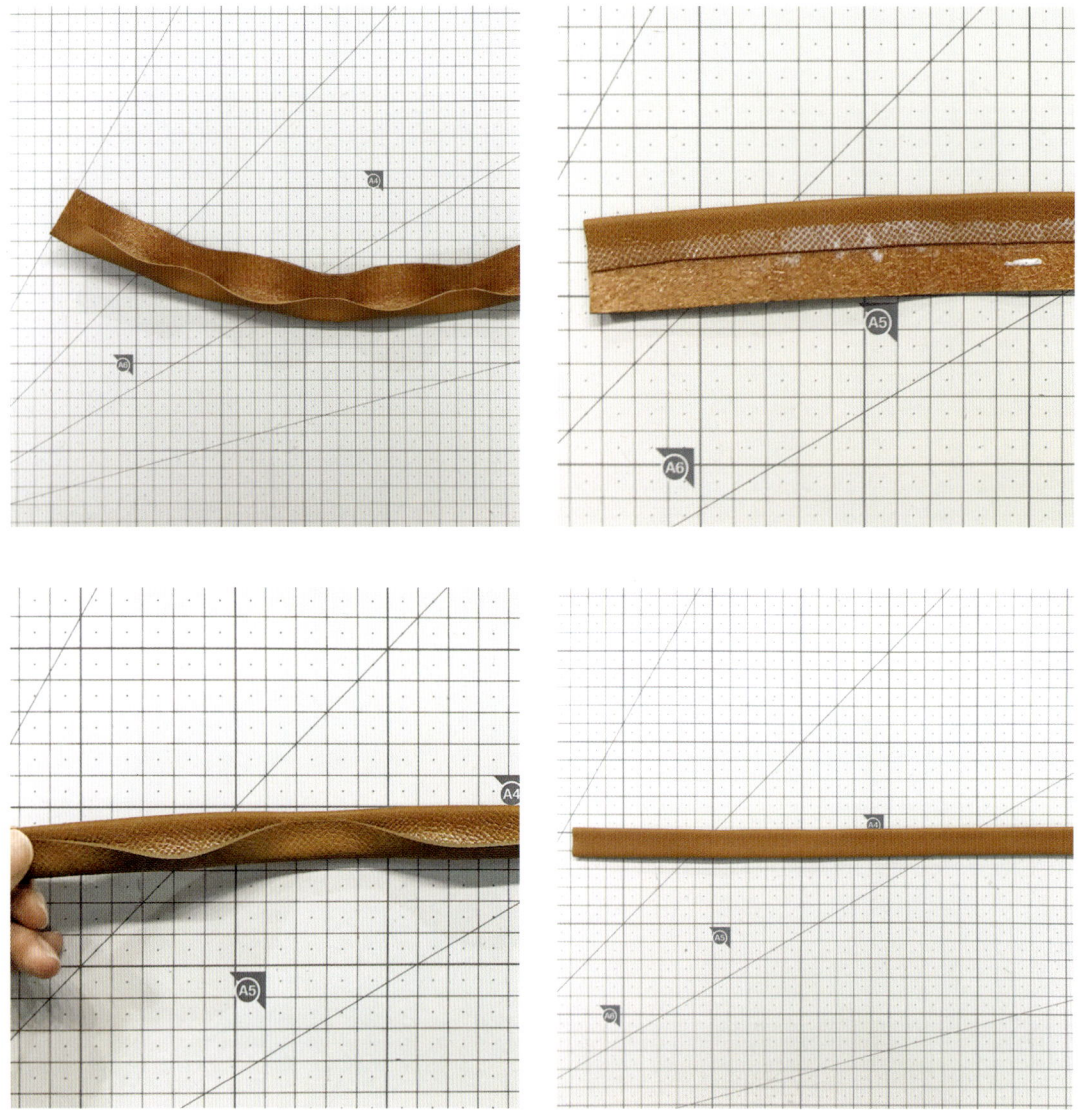

8
3분의 1 간격으로 선을 그은 가죽을 접어 붙인 후 접힌 가죽 위로 본드를 칠합니다. 본드를 바른 남은 가죽을 안으로 접어 붙입니다.

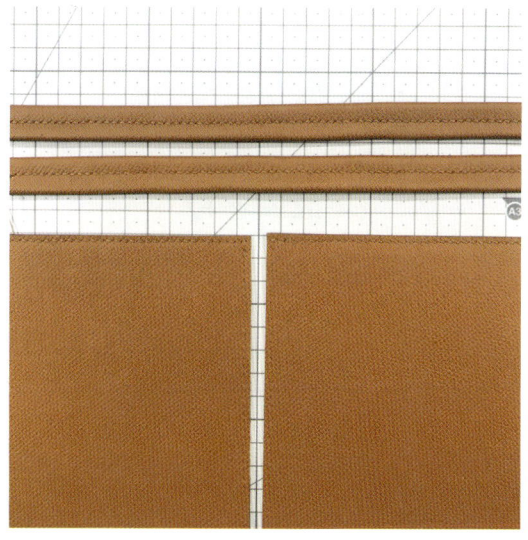

9
준비된 앞판, 뒤판, 옆판 가죽의 상단 그리고 미리 만들어놓은 손잡이의 가운데에 목타를 칩니다.

10
손잡이는 양쪽 끝 5cm를 제외하고 바느질합니다. 모든 바느질한 가죽의 상단에 에지코트를 충분히 발라줍니다. 손잡이의 양쪽 끝도 에지코트로 마무리합니다.

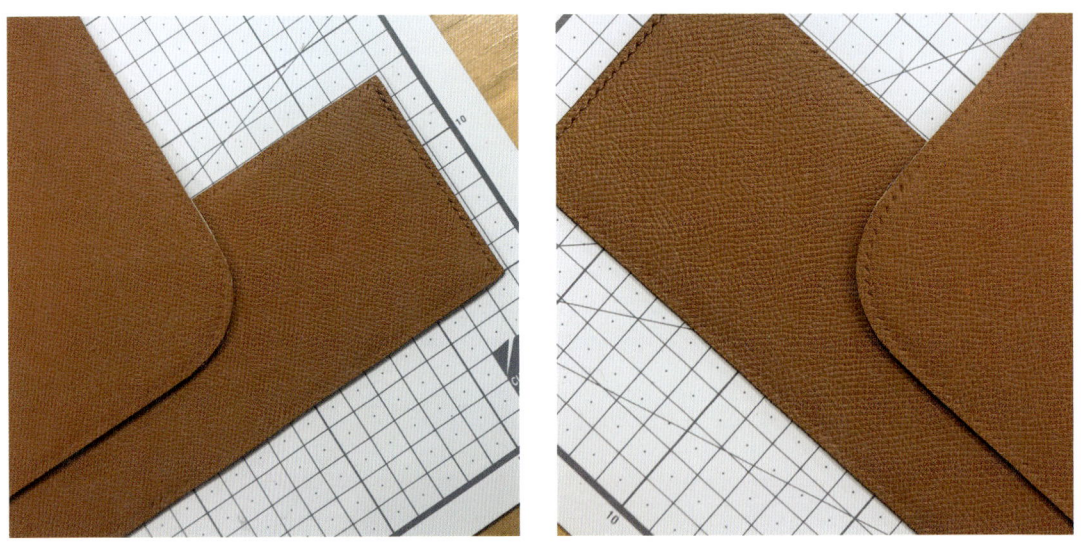

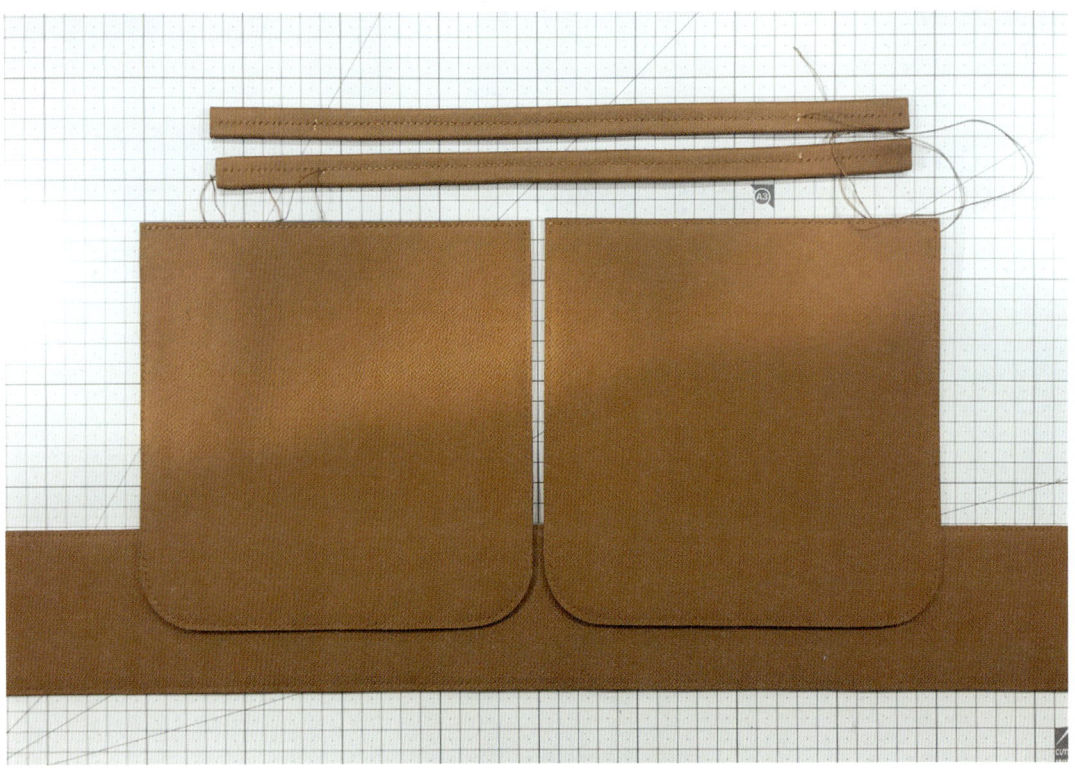

11
앞판과 뒷판 그리고 옆판의 상단을 제외한 테두리에 목타를 칩니다.

12
패턴을 따라 모모를 재단합니다. 뒷면에 본드를 발라 충분히 말린 후 디링을 가운데에 끼워 넣고 반으로 접어 붙입니다. 단면에 에지 코트를 바른 후 테두리 라인을 따라 목타를 칩니다.

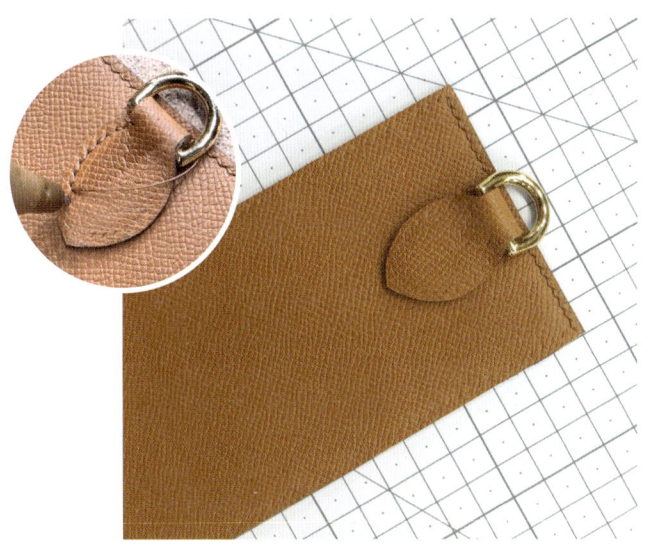
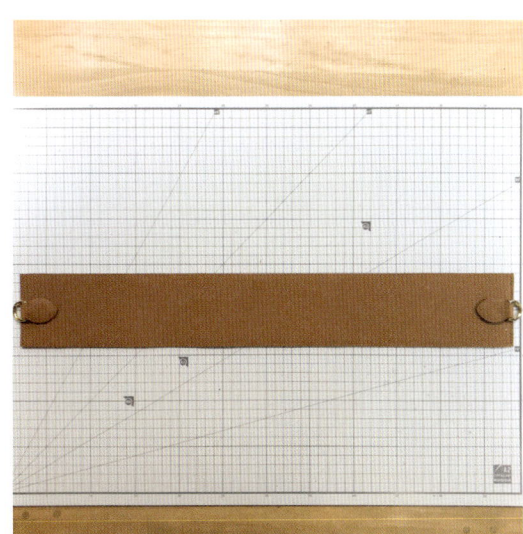

13
옆핀의 양쪽 끝에 모모를 붙일 위치를 확인한 후 본드로 모모를 붙입니다. 미리 모모에 쳐 둔 목타를 따라 송곳으로 다시 구멍을 뚫어 준 뒤 바느질합니다.

14

패턴에 그려진 손잡이 위치를 확인하고 은펜으로 표시한 뒤 목타를 칩니다. 몸판에 뚫은 목타 구멍의 갯수를 확인하고 손잡이의 남은 목타 구멍을 몸판 안쪽으로 고정한 뒤 바느질합니다.

15
옆판을 붙인 후 바느질을 하고 에지코트를 발라 마무리합니다.

 옆판을 붙일 때 몸판의 아래쪽 중심과 옆판의 바닥쪽 중심을 맞춰 붙이면 옆판과 몸판의 균형을 맞추기 좋습니다.

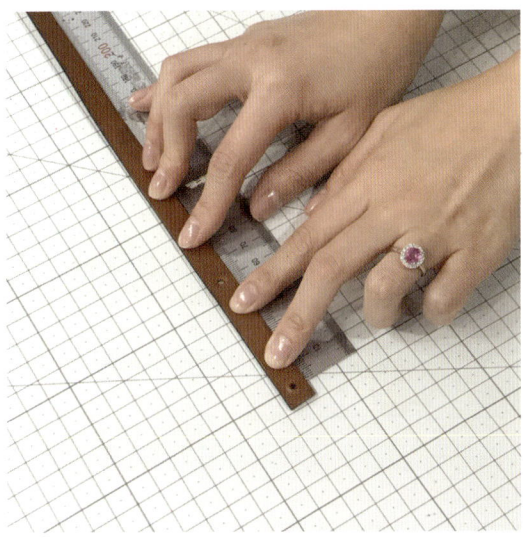

16
패턴에 있는 크기대로 스트랩용 가죽을 자릅니다. 스트랩의 양쪽 끝에 2.5mm 펀치로 구멍을 뚫고 6cm 간격을 두고 펀치 구멍을 하나 더 뚫습니다.

17
스트랩을 가방의 디링에 건 다음 발이 달린 리벳의 한쪽 부속을 스트랩 가죽의 구멍에 끼웁니다.

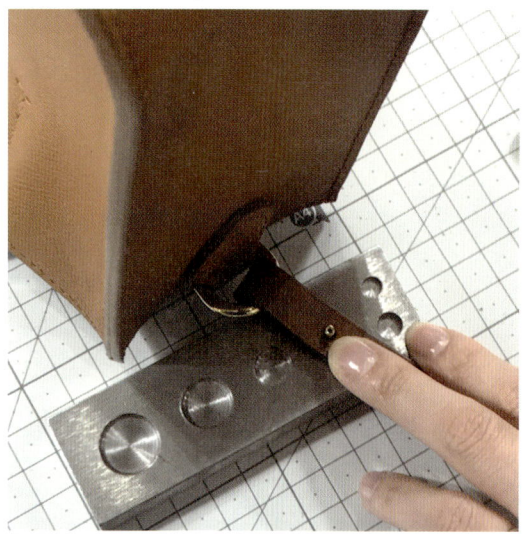
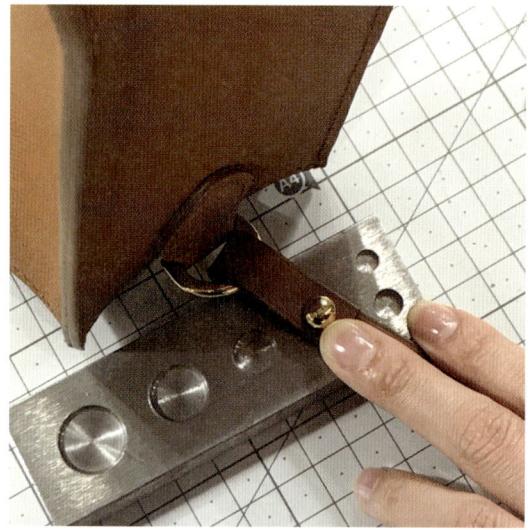

18

종발 위에 리벳의 머리를 위치시킵니다. 리벳캡을 그 위에 올리고 리벳 공구를 수직으로 올린 후 망치로 두드려 리벳을 고정합니다. 맞은 편 스트랩도 같은 방식으로 고정합니다.

완성

힘드셨나요? 재미있는 가죽공예의 바느질에서 헤어나오지 못하고 있지 않나요? 심플 토트백을 마지막으로 지금까지 만든 아이템들을 비교해보세요. 삐뚤빼뚤했던 바느질도 가지런해지고 명품백 저리 가라 애정 가는 물건들이 내 손 앞에 있을 거예요. 기회가 된다면 지금까지 만든 아이템들을 조금씩 변형하여 나만의 스타일로 발전시켜보세요. 한 단계 업그레이드된 나 자신을 발견하게 될 거에요!.

Epilogue

고마운 사람들

이 책에 소개한 아이템들과 공방에 대한 소소한 이야기까지
모든 내용들은 수강생들과 함께한
5년이 넘는 시간 속에서 얻은 것들입니다.
항상 가족처럼 배려해주시는 우리 수강생들,
진심으로 감사하고 사랑합니다.

새로 만든 작업실을 사진 촬영의 장소로
흔쾌히 제공해준 오끼프로젝츠와 카페 파니모들에 감사드립니다.

책을 내는 좋은 기회를 주신 출판사 버튼북스에 감사드립니다.
선생님과 수강생으로 만난 인연이 책으로 이어지는 흔치 않은
경험이었습니다.

이 책을 읽으신 분들이 가죽 소품들을 만들어보며
가죽공예의 기술적인 부분 외에 공방에서의 일상과 재미도
엿볼 수 있었으면 좋겠습니다.
사실 타인과의 소통도 핸드메이드 공예의 큰 즐거움 중 하나랍니다.

언제나 감사한 가족들,
그리고 스튜디오 옥토의 이름을 있게 한
문어덕후인 아들 정민이에게
이 책을 드립니다.

처음 배우는 가죽공예
간단 소품에서 가방 만들기까지

오늘은 갖고 싶었던 가죽 클러치를 만들었다

2020년 1월 20일 초판 1쇄 발행

지은이 | 신용준, 박은정
펴낸이 | 이동은

펴낸곳 | 버튼북스
출판등록 | 2015년 5월 28일(제2015-000040호)

주소 | 서울시 동작구 현충로151, 109-201
전화 | 02-6052-2144
팩스 | 02-6082-2144

ⓒ 신용준·박은정, 2020
ISBN 979-11-87320-38-8 13580

*본서의 내용을 무단 복제하는 것은 저작권법에 의해 금지되어 있습니다.
*파본이나 잘못된 책은 구입하신 서점에서 교환해 드립니다.